U0919250

不懂汇报工作，还敢拼职场

最省力的职场做事秘笈

刘回◎著

中华工商联合出版社

图书在版编目（CIP）数据

不懂汇报工作，还敢拼职场 / 刘回著. —北京：中华工商联合出版社，2014.8
ISBN 978-7-5158-1021-8

I. ①不… II. ①刘… III. ①工作方法 – 通俗读物 IV. ①B026-49

中国版本图书馆CIP数据核字（2014）第182733号

不懂汇报工作，还敢拼职场

著　　者：刘　回
责任编辑：胡小英　邵桃炜
装帧设计：润和佳艺
责任审读：李　征
责任印制：迈致红
出版发行：中华工商联合出版社有限责任公司
印　　刷：北京中振源印务有限公司
版　　次：2014年10月第1版
印　　次：2019年4月第12次印刷
开　　本：710mm × 1020mm　1/16
字　　数：220千字
印　　张：13.5
书　　号：ISBN 978-7-5158-1021-8
定　　价：32.00元

服务热线：010-58301130
销售热线：010-58302813
地址邮编：北京市西城区西环广场A座
19 – 20层，100044
http://www.chgslcbs.cn
E-mail：cicap1202@sina.com（营销中心）
E-mail：gslzbs@sina.com（总编室）

序言

“为什么我做了那么多，领导就是看不见？”

“我工作也很勤奋，却怎么成了令领导头疼的员工？”

“我的业绩和他的差不多，为什么晋升的人是他而不是我？”

……

上述问题的答案其实很简单：你不善于向领导汇报工作！

在工作中，光把工作本身做好还不够，你还要学会向上司恰到好处地展示你的工作成果，而工作汇报无疑是一条最佳的途径。向上司汇报工作，在许多人看来很简单，似乎没有必要给予更多的关注。然而，最容易忽视的，也往往是最不应该忽视的。

江口克彦在《我在松下三十年——上司的哲学 下属的哲学》中曾经专门谈到过这个问题，他认为：“对于上司来说，最让人心焦的就是无法掌握各项工作的进度……如果没有得到反馈，以后就不会再把重要的工作交给这样的下属。所以要知道，虽然只是一个简单的汇报，却能让你得到上司的肯定。”《哈佛学不到》的作者马克·麦考梅克说的则更加尖锐：“谁经常向我汇报工作，谁就在努力工作——相反，谁经常不汇报工作，谁就没有努力工作。这也许不公正，但是你说老板又能根据什么别的情况来判断你是否在努力工作呢？”这些都无一例外地向我们揭示了这样一个道理：工作汇报并不是可有可无的，相反，它很重要！

汇报工作除了能向领导展示你的工作成绩外，还是获得领导信任的一种有效途径。一旦有了这个基础，工作起来自然就会顺利许多。

然而，实践中发现，同样是汇报工作，其结果却有很大的差别。面对同样的业绩，好的汇报可以让上司更多地了解我们的能力与业绩，获得好的发展。不好的汇报会让上司发现你的不足，让你失去发展的机会，这就涉及汇报的技巧。

具体到向领导汇报工作时，你应当汇报什么、如何汇报、汇报过程中需要注意什么等一系列的问题都是我们需要了解的。本书正是遵循这一条主线来进行内容的编排，围绕上述问题，本书都给出了非常实用的技巧。另外，本书还在附录中为读者提供了一些成功人士在工作汇报中的做法，通过一些生动的实例来启发读者的心智，让大家在轻松愉快的阅读过程中潜移默化地记住工作汇报中的一些技巧，以便做到“学以致用”。

生活处处是学问，汇报工作是其中的一门。我们只有掌握了这门学问，才不会茫然失措，才不会敷衍了事，才不会在职场中总是处于被动的地位。简而言之，只有善于汇报工作，你的工作才能更精彩！

第一章　只会做不会说，被埋没的就是你
——别让不会表达害了你

第二章　你做不好，说得再好领导也不听
——汇报工作前要将工作做到位

第三章　面对面沟通时，如何才能出色
——好口才为你的口头汇报加分

第四章　怎样设计领导对你的一“见”钟情
——平时练好基本功，书面汇报不犯愁

第五章　细节功夫你做够了吗
——汇报工作时不可忽视的礼仪

第八章　汇报工作，一门可操作的学问
——抓住汇报工作中的8个要点

附　录　提升自己，赢得信任的秘密
——跟成功人士学工作汇报技巧

CHAPTER

第一章

只会做不会说，被埋没的就是你

——别让不会表达害了你

常言道，既要“埋头拉车”，还要学会“抬头看路”。
身在职场，除了要会“做”之外，
你还要会“说”——向上司更有效地汇报工作，
展示自己的价值。

别拿汇报不当回事

古典管理理论的代表人、现代经营管理之父亨利·法约尔曾经做过这样一个实验：他挑选了20名技术水平相近的工人，把他们分成了两组，每10人一组，让他们在相同的条件下同时进行生产。每隔一小时，他就会去检查一下工人们的生产情况。

对第一组工人，法约尔只把他们各自生产的产品数量记录下来，并没有告诉工人他们的工作进展速度；而对第二组工人，法约尔不仅对生产的数量进行了记录，还明确地告诉他们各自的工作进度。

第一次考核完，法约尔根据考核的结果，在生产速度最快的两个工人的机器上各插了一面小红旗；速度居中的四个人每人插了一面小绿旗；而最后的那四个人则插了一面小黄旗。这样一来，每个工人对自己的生产速度到底如何就一目了然了。

实验表明，第二组工人的生产速度和效率明显高于第一组工人。可见，将员工的表现反馈给员工是非常重要的，不仅能帮助员工更加明确自己的努力方向，更能激励员工的士气，提高员工的工作效率。

同样，员工将工作的情况反馈给领导也是很重要的。因为通过反馈，领导就可以据此知道工作的进展，从而抓住工作的重点和问题所在，并及时做出相应的调整，以防止出现“差之毫厘，失之千里”的状况。因此，我们有必要及

时向领导反馈自己的工作情况。

那些平时不喜欢汇报工作的员工，大致可以将其划分为如下三类：一是工作完成的效果不佳而怕领导知道他的表现；二是自认为这只是一种形式，觉得没必要；三是他们确实不善于汇报工作或害怕与领导沟通，尽管他们的工作做得不错。

小赵目前在一家销售公司做销售员，最近，他有一项任务——去外地开拓市场。一个星期过去了，他也没和销售经理进行联系。销售经理很纳闷，于是便拨通他的电话问道："你在那边怎么样？出业绩了没有？连电话都没有一个，不知道你在那儿都做了些什么？"小赵回答道："我跑了一个星期，还没有一点结果，不好意思给您打电话。"

尽管你工作很努力，但若不及时地将工作情况反馈给领导，他极有可能不知道你在干什么，甚至以为你在偷懒。不及时主动反馈工作进度，受损的其实是你自己。

无论是哪种情形，作为职场中的一员，我们都需要认识到，汇报工作本身就是工作的一部分。因此，对待工作汇报这一程序，我们需要消除上述各种不合理的心态，切莫主观地认为主管都了解自己的工作，或者是自认为这件事不重要因而没必要向主管汇报……这些想法都是不可取的。有些员工就是因为工作汇报不及时，致使领导没有及时了解到相关的信息，影响了正确决策的做出。

一家日化企业的某种产品因为滞销被长期放在仓库中。为了避免占用生产计划，企业就会对其做出相应的处理。偏偏此时，某一区域的片区经理获知自己所管辖的区域市场有该种产品的需求。那么，这位片区经理就需要及时地向营销总部汇报，并及时与有关部门沟通。因为等到该批产品处理后再进行弥补工作，损失将是巨大的。

及时反馈是加强与领导沟通的一条重要途径，也是职场中人必须具备的基本职业素质。作为员工，你有责任做出一个合理的判断并最终决定是否将这一信息反馈给主管领导。因而在工作中，我们除了要将工作做好以外，还需要经常性地将自己的工作状态反馈至主管领导，这样除了能够增进双方的了解外，还能督促自己，让自己的工作安排得更有条理。

不可能所有的事都能被看到

以前我们常说“酒香不怕巷子深”，但这话搁在现在却未必准确。当铺天盖地的广告和琳琅满目的商品直面汹涌而来时，再香的酒也可能被湮没。在如今的市场环境下，酒香也怕巷子深，要做好产品的宣传推销工作。在职场中也是一样，工作做得再好，你也还需要向领导恰到好处地展示自己的成果。

一位朋友曾经向我诉说过他工作中的苦恼：他是电子厂的一个测试员，因为性格比较内向，所以他只会闷不吭声地做事，而不会展示自己的工作成绩，因此他总是被忽略的一个，一直都没有得到重用。

这是为什么呢？原因很简单。我们知道，工作中都有一个下级向上级汇报或述职的程序，内容包括谈工作的进展、谈经验和教训、谈未来的设想。实践证明，好的述职会带来步步高升的机会，给自己带来更大更好的舞台；差的述职可能让自己坐上冷板凳；不去述职，则可能淹没了自己汗水的价值。

“是金子总会发光的”这句话不假，但你能保证每块金子都能被打磨出来，发挥更多的价值吗？要想在职场中脱颖而出，仅仅凭着熟练的技能和勤恳的工作是不够的。虽然能力、勤奋很重要，但会说话却能让你工作起来更轻松，并且可能帮助你获得加薪、升职的机会。

一家公司去年招聘了两个年轻人，两人从同一所大学毕业，专业知识功底都很深厚，工作也都很勤奋，两人都取得了很好的业绩。可是，一年以后一个成了业务主管，另一个却依然只是一个普通的职员。

这是因为他们二人工作方式的不同导致的。其中有一个只知道埋头工作，却很少主动向上司汇报自己的工作情况。而另外那个年轻人非常懂得汇报的重要性，定期向上司汇报工作。每次出去谈项目都要在结束后的第一时间将情况报告给自己的上司，遇有一些特殊情况，也总是先请示上司有什么样的意见和想法，再做决定。每次出差在外，他都会报告出差在外的工作情况，回公司的第一件事也是先向上司汇报。所以，上司对这个年轻人很放心，也愿意安排给他一些重要的项目和外出任务。如此下来，这位年轻人就掌握了很多的资源，在公司的地位和影响也就越来越大，提升他做业务主管也就水到渠成了。

光说不做给人华而不实的感觉，但少说多做或只做不说未必就是正确。上述例子就是很好的例证。

你可以为你执着的事情而努力，将“只要努力，一定会被看见”的信条当作是一种自我鼓励，因为它可以起到自我激励的效果，但是同时也要明白这样一个道理：如果你既会干又会说，那将加快你成功的步伐。

在工作中，不要以为只有你一个人在努力工作。如果想要在一群努力的人中脱颖而出，除了比别人做得更好之外，你就需要通过一定的方式让领导看得到你的努力，因为你不主动展示出来，领导不一定看得见你的所有努力。

在一栋摩天大楼前的一片工地上，一个少年向一位衣着华丽的承包商请教这样一个问题：“我应该怎么做，长大后才能和你一样事业有成？”承包商看了少年一眼，对他说：“我给你讲一个故事：有两个工人在同一工地工作，这两人都一样地努力，只不过，其中的一个工人已经退休，而第二个穿着工地制服并在制服外面套了一件红色衣服的工人则成了建筑公司的老板。年轻人，你明白这个故事的意义吗？”

少年满脸困惑，承包商继续指着前面那批正在工作的工人对男孩说：“看到那些人了吗？他们全都是我的工人。但是，那么多的人，我根本没法记住每一个人的名字，有些甚至连长相都没印象。但是，你看他们之中那个穿着红色衬衫的人，他不但比别人更卖力，而且他会定期跟我汇报他的工作进程，加上他那件红衬衫，使他在这群工人中显得特别突出。我现在就要过去找他，升他当监工。年轻人，我就是这样成功的，我除了卖力工作，表现得比其他人更好之外，我还懂得如何让别人‘看’到我在努力。”

光说不练假把式，光练不说傻把式，又说又练真把式。我们反对光说不做的假把式，也不能做光做不说傻把式，而要会说会做，做了之后，还要会说！

学点儿自我营销术，职场才会有出路

相信每个人都希望别人喜欢自己，这个前提是别人得了解你。怎么让别人了解你呢，这就需要学会推销自己。推销是一门技术，只要你掌握了这项技术，你就比别人占得先机，也会因此为自己日后的工作道路增添经验。

公司不是发掘你的地方，而是展示你的舞台。不要期待老板或者你的同事能够有一双慧眼或者十足的耐心来评估你的价值，如果你有这种想法，那么很不幸，你迟早要进入被淘汰的行列。如果不能及时改变自己的思路和想法，就永远只是公司里的一个小角色。

我们可以看到，很多人虽然通晓古今，学富五车，却不会推销自己，展现自己的才华，因此也只能落得个怀才不遇的下场，不能为世所用。纵使你是千里马，也要主动去寻找赏识自己的伯乐才行。在人才济济的今天，如果还坚信“姜太公钓鱼”的故事会降临，恐怕你的头发都白了也无人问津。所以，你要成功，就首先要学会推销自己，大胆而完美地“秀”出自己。

那么如何包装自己，如何完美地推销出自己呢?

◆自抬身价，“自卖自夸”

你要知道，人人都想和优秀的人结交，无人想和小人为友。如果你在面试时来自三流的大学，而竞争对手来自一流的大学，结果可想而知。你只有“以己之长，攻彼之短”才是上策，所以，你需要适当地自抬身价。

唯有自抬身价，别人才会对你另眼相看，甚至暗暗地佩服你。如果王婆都

谦虚地说自己的瓜不好，那么就没人购买她的瓜了，我们也应该如此。对自己的长处，我们要尽力地展现出来；对自己的短处和不足，我们要善于模糊表态，学会掩饰。把对方的注意力吸引到我们的优点上而不是缺点上。

◆创造展示自我的机会

东方朔是一个善于推销自己的人。在他刚入长安时就向汉武帝上书，三千片木牍做成的推荐信需要两个人去抬才勉强能抬起来，而汉武帝也用了两个月的时间才把它读完。东方朔在奏章中一点也不谦虚地说了自己的优点，说自己是个不可多得的人才。虽然汉武帝看完他的奏章后心动不已，却怀疑他是在夸夸其谈，所以没有马上重用。

但东方朔并没有灰心，而是另辟蹊径向皇帝推销自己。终于，汉武帝被他打动了，决定给他一个重要的职务，让他展示一下自己的才能。

如果不是东方朔的自我推销，他怎么可以从众多侍臣中脱颖而出呢？机会不是等来的，就看你是否善于制造机会。

比如适当地在重要的公共场合亮相，或者偶尔成为众人瞩目的焦点。在公司会议上，主持会议的领导也会偶尔出现错误，这时你会怎么办呢？说，还是不说？

“智者千虑，必有一失。”很多人会因为自己对领导的崇拜而湮没了自己的见识，任由会议在错误中进行；或者是对权威的恐惧而不敢触怒领导。尽管如此，如果按照领导错误的思想走下去，将来可能就会出大问题。而且，这个时候也许会是你难得的一次表现机会，在这样的场合“曝光”，就能展现出你非凡的能力和见识，就能让领导和同事看到你的价值。

也许你的意见未得到采纳，但是原本毫不起眼的你，一定被人们认识了，也许他们会在后来的失败中记起你的表现，夸赞你的才能和英明。因此，在这样的重要场合，千万不要顾忌面子。如果你还在担心“我说出来大家会不会难堪”这样的问题，就注定你很难成就大事。

当然，我们“曝光”的方式也需要委婉而含蓄，不要太过扎眼，强出头的方式不仅收不到推销自己的效果，还会成为别人谴责的对象。另外，“曝光”的次数也不宜过频过多，否则你就会给人留下爱出风头的印象。

懂得推销自己、善于推销自己是我们必须掌握的一项技能。一个可以成功地向别人推销自己的人也就具备了成功的基本条件。

职场中一定要做个有“声音”的人

对每个人来说，职场都是人生中的一个重要舞台。在这个舞台上，我们绝对不能只具备创作哑剧的天赋。因为在这个舞台上的大多数时间，都需要我们唱、念、做、打样样精通。

然而，我们中的大部分人都是在“矜持”的教育下成长起来的，特别是女性，被要求的往往更多，如少说多做、隐藏自己的意见、沉默是金……看看你周围的人，是不是不少人都信奉这些所谓的原则呢?

尽管在所有人的印象中，跟唧唧喳喳的同事比起来，沉默无言的同事在工作中显得更忠诚可靠一些，但是，缄口无言的那些“沉默的羔羊”在职场上时不时会给自己和自己的同事带来意想不到的麻烦。反观那些经常在会议桌上侃侃而谈的人，在工作上往往更游刃有余一些。

置身于一个团队，如果想弄清楚自己周遭的环境，时刻把握团队的动向，那就要不断地收集信息，并对其进行分析处理。一个连局势都搞不清楚的人，怎么能在竞争中做到游刃有余呢?

而一个工作团队要建立优良的信息系统，需要全体工作人员的共同努力。因此，为了不被别人取代，每个人都应该张开自己的嘴巴，去收集信息、提出建议、广泛交流。领导在团队中听到了你的声音，才会知道你的存在，给你更多的机会展现自己。只有敢于发出声音的职场人才能够在工作上获得真正的独立，才能够勇敢地迎接每一次挑战，才能显示出自己独当一面的能力。

你的建议有什么优势？不断提供建议能帮你获得上升空间吗？作为团队一分子，该怎样对团队提出建议呢？

说到这里，大家一定要明确一点，一个出色的建议者必须是一个出色的建设者。在团队建设中，一个能时刻找准自己发出声音的位置，并在这个位置上保持住自己的想法、发出自己声音的职场人，通常能够自信地肯定自己的能力、积极地参与团队发展，并且也发自内心的热爱自己的工作。

文静的姚姗姗从小就接受父母为她制定的做人准则——女孩子一定要多做事、少说话，避免给人留下轻浮的印象。而矜持的她在考大学时，竟阴差阳错地被一所名牌大学的新闻系录取了。

可是，在学校的四年间，她的导师和同学都觉得她选错了专业。的确，不敢当众说话的她很难在这个“吃张口饭”的行业生存下去，更不要说做出出色的成绩了。

在实习期间，一向成绩优异的姚姗姗，更成了实习主管一直关照的对象。她能收集到精准得当的受访者的背景资料，也能做出十分精细的采访计划，但是，她无法做到一个人单独进行采访，更不敢在小组会议上发言。每到采访时，她总是得拉上一个帮手，让别人帮她完成采访任务。

遭遇了实习的打击之后，姚姗姗心灰意冷，觉得既然父母没期盼自己大富大贵，不如找一个平凡的岗位，能养活自己就可以了。

很多人都有这种误区，没有声音也就没有了错误，但你不知道的是，对公司来说，一个没有自己声音的人也就失去了他的用处。

在职场上，如果勇敢地发出自己的声音，也许有时会给自己带来一些小麻烦，但是，如果我们失去了自己的声音、选择沉默，或者毫无原则地迎合别人，那不仅会为给团队带来损失，最后我们的前途也会因此而如履薄冰。

有一位优秀的经理人曾经说过：“建议是否能被接受，主要看被建议人的

性格，但是，建设性的意见往往会被接受。”很多时候，提出“建议”是不分性别、不分年龄，甚至是不分职位高低的。只要你能够不断地学习新的知识，拓展自己的眼界，克服非理性因素，摒弃私利，那你就会成为一个拥有自己的“声音”的出色职场人。

多汇报也是对领导的一种尊重

一般而言，任何一个领导都比较看重两样东西：一是他的上司是否信任他；二是他的下属是否尊重他。作为上司来说，判断其下属是否尊重他的一个很重要的因素，就是下属是否经常向他请示汇报工作。

及时汇报也是向领导表示尊重的一种方式，并且以工作方式多接触领导，久而久之会拉近双方的关系，这对你工作的顺利开展起着积极的作用。

有些员工可能会这样认为，一个事情交给自己了，工作完成后再告诉领导就行了，中途没有必要汇报，果真如此吗？未必！

鲍尔是一家IT企业的技术员工，虽说他的计算机水平很高，但由于不习惯与领导沟通，故每次有开发任务的时候，他都没有得到独挑大梁的机会。抛开这些不说，他经常被领导安排去做运行支持，说直白点就是晚上到公司值班，以便及时解决客户的问题。鲍尔对此感到很郁闷，认为自己在这家公司似乎难以充分施展他的才能，他在考虑是否要辞职。

在职场中打拼，不管工作成效的好坏，都不要在领导问起时才汇报！这样的态度很糟糕，你需要清楚地意识到，汇报原本也是工作的一部分，原因有三：其一，领导如果重视这件事情，必然希望掌握进度，具体情况就需要你中途的汇报了；其二，你能够保证圆满地完成整个事情吗？一个事

件可能有很多种完成方法，你知道你选择的是最正确的或者最适合领导心意的吗？从这个角度而言，也需要让领导了解你的工作进展情况；其三，你在做事的过程中，可能会碰到很多麻烦，及时汇报有助于问题得到尽快的解决。

只有多沟通，多交流，流程才会顺，工作起来也会变得更有条理。然而在工作中，领导和下属往往容易形成一种矛盾，一方面下属都愿意在不受干扰的情况下独立做事，另一方面领导对下属的工作总存在不放心的状态。一般来说，在下属和领导的关系中，领导总处在主导的地位。在这种情况下，要解决上述矛盾，下属就应该主动适应领导的愿望，凡事多汇报。

汇报工作，通俗地理解就是把自己已经完成的事情、正在工作的事情和将要工作的事情汇报给领导，让领导心中有数。另外在工作汇报的过程中，你若能与领导就工作中的问题分享你的想法，那无疑会增加你在领导心中的分量。

杰森性格比较内向，他认为：事业是干出来的，不是用嘴夸出来的。因而在部门召开的项目总结会上，他也总是坐在角落里，虽然他觉得有些人提的建议也不怎么高明，可他也不愿出风头去与他们争辩。

于是，杰森的想法虽然远比其他积极发言的人高明，但部门经理却永远都无法知道他的想法。这样，上司也难以注意到杰森的成绩和才能，自然也就无法分配给他重要的任务。

于是，杰森就只能永远默默无闻地在公司埋头苦干。而那些在他眼里看来很平庸的人却因为能够积极主动地和上司分享想法，提出建议，因而得到了上司的重用和信任，反而做出了比他更大的成绩。

这个案例告诉我们，在企业里，即使你满腹才华，也只有将才华表现出来，让你的上司知道，你的这些才华才能有施展的舞台，而工作汇报无疑是让上司了解你的一个很好的沟通渠道。

一次好的工作汇报能让上司肯定你的成绩，对你另眼相看；反之，上司则会无情地否定你的工作与成果，甚至于你的能力。可见，一个下属学会如何汇报自己的工作是很严肃而且很重要的工作环节。

你该具备的两种最佳特质，即勤于汇报+不怕挨批

每位领导都希望员工高效地完成工作，期间适时地向自己汇报工作进展，以便自己掌控工作进程，从而对全局做出有效地判断和决策。而职场中却有这样一类人：他们怕见主管，平时总是想方设法地躲着主管，即使是必要的工作汇报，他们也会用书面汇报来代替口头汇报。长此以往，双方的隔膜越来越深，最终使得自己也失去了很多获得提升的机会。

小罗的工作总是能做到高效高质地完成，且部门同事都认为他的业务能力很强。可是好几年过去了，他依然做着普通职员的工作，领导根本没有提拔他的意思。

他为此很苦恼，在和领导一次偶然的谈话中小罗才知道，领导不重视他原来是因为他平日里见到领导总是躲躲闪闪，每次跟领导打交道都很拘束，说话也不连贯，这也就是他虽然工作能力出色却得不到赏识的直接原因。领导最后语重心长地告诉他："做人一定要大胆一些，你不应该总躲着领导，当然这并不是要你去刻意讨好领导，而是正常地和领导进行接触，让领导了解你。"

其实这样大可不必，领导与员工之间进行这种双向沟通，无非是想知道他们工作的进展如何、工作中遇到的问题等，然而，由于员工这种害怕的心态直接导致了他们在汇报的时候不能做到准确表述，从而严重影响到后续的工作。

作为一名下属，只有和领导进行积极有效地沟通，才能产生良好的互动效果，才能得到领导的指导和帮助。所以，你必须克服害怕与领导沟通的心态。

害怕与领导沟通，原因之一可能是自身的自卑心理作怪，害怕领导发现自己的短处。不管出于何种原因，此种现象都不利于自身工作的开展。那如何才能克服这一心理作用呢？下文提供了三点建议：首先，在认识上，应该对自己有个客观的认知，我们应该坦然地接受自己的优点，但也不要忌讳自己的缺点，人无完人，我们可以通过发扬自己的优点或后期的努力来弥补自己的不足，进而完善自己；其次，需要调整自己的心态，不要总是担心或害怕自己说错话而让自己不敢张嘴；再次，不妨尝试在公众场合当众发言，以提高自身当众表达的能力。

丘吉尔是20世纪最伟大的政治家之一，他具有卓越的当众讲话能力，直到今天，丘吉尔还被英国人看作是最伟大的首相之一。

丘吉尔初次在国会演讲时，为了准备这次演讲，他一连几天写稿、背诵、对着镜子反复练习，唯恐出现丝毫的差错。但是，在演说那天，他担心的事情还是发生了，他很紧张，而且很怕自己会表现不好，他越怕越紧张，最终他的脑海一片空白，结果使他尴尬极了。

从那以后，他有意识地锻炼自己的演讲能力，但与别人不同的是，他不是单纯地去抓演讲技能，而是改变了心态，在心理方面做了充分的准备，他不再害怕失败，不论在什么场合，他都敢于当众说出自己要说的话，于是，他很快变成了一位颇具感染力的演说家。

另外，在与领导的沟通过程中，也要卸下怕被领导批评的包袱。你需要牢记，领导的批评一般是对事不对人，他只是就事论事，那些负面的评论并非是他对你本人有微词。

老何在公司被称作“铁面人”，在工作中，他的下属都很惧怕他。无论做什么事情，下属们都很小心翼翼，不敢蒙混过关。无论谁做错了事，都会受到他一顿严厉的批评。

虽然部门所有的人都受过老何的严厉批评，但是没有一个人讨厌他。因为在他们看来，何经理的批评是就事论事，他的批评是为了让自己进步。

实践证明，批评是促进自我提升的一种有效方式。因此，在向领导进行工作汇报时不要怕被批评，而是要善于将批评看做是前进的动力。长此以往你会在不自觉中得到提升。

提高“能见度”，从“汇报工作”开始

在一次给一家企业做培训时，休息期间一位学员轻声向我问道：“最近公司职位调整，部门里一位能力不如我的同事被提升为小组负责人，为什么得到提升的人是他而不是我？”这位学员的困惑估计道出了职场中很多人的心声。

众多实例表明，在职场中要想平步青云，除了你自身需具备较强的工作能力外，还有一部分因素在于职场“能见度”的高低。因此，一个聪明的下属不仅会做好工作，还会善于抓住时机向领导汇报成绩，以提高自己在职场中的“能见度”。

玛丽是一家化妆品公司市场部的一名员工，因为她业务能力强，工作又十分努力，所以每一个市场推广活动方案的出台几乎都是她在挑大梁。有时为了能想出一个特别出彩的推广方案，她经常加班到很晚才离开办公室。但是她知道，在老板眼里，每一个作品都是整个市场部努力的结果。怎样才能让老板知道自己的努力呢？玛丽一有空就在琢磨这个问题。

一天，玛丽与老板在电梯间“不期而遇”。从一层坐到二十二层，看看老板的状态，感觉他心情还不错，于是，玛丽便打算利用这个时间向老板汇报一下她的工作成绩。

玛丽：“老板，前天交上去的那个产品推广方案您看过了吗？”

老板：“不错啊，很有新意！”

玛丽："看来我们的功夫没有白费。你知道吗，在当初设计的时候，这个地方真是颇费了一番脑筋的，本来……不过……结果……"

老板："听你说得头头是道，莫非这个成果是你的主创？"

玛丽："我是吸取、整合了大家的好点子之后，形成的这个创意……"

老板心领神会地点点头。

两个月后，玛丽的工资涨到了原来的两倍。

提供"对味"的工作汇报无疑是提高自己职场"能见度"最有效的方式之一。通过工作汇报，一能显出你对领导的尊重，二是让领导知道你都做了些什么、取得了哪些成绩，也方便领导对工作的把控。因为各层主管最害怕的情形之一就是工作一项项安排下去后，就像断了线的风筝一样杳无音信。因为在这种状态下，事情出现纰漏的概率会大大增加，反之，你若能适时地将工作情况反馈给领导，通过你反馈的信息，领导能根据实际做出相应的决策。这样一来，领导能不对你刮目相看吗？

相反，对那些只知道埋头苦干而不主动向领导汇报的员工，领导又怎么会知道你具体都做了哪些工作、付出了多大的努力呢？既然他都不了解你的工作情况，又怎么会对你青睐有加呢？所以，与其不断唉声叹气，抱怨老板不具慧眼，不如在职场中提高你的"可见度"，让他人看到你的表现，进而让领导愿意给你机会。

工作中，许多人并不重视汇报工作，自认为领导都很清楚自己的工作情况，所以也就没有什么好沟通的，加上主管又很忙，去麻烦他也不好意思，所以就更没必要与他进行沟通了。其实这种心态是非常错误的。

在工作总结会上，我们常能听见这样的话语："妮卡，你辛苦了，为了你拿下那笔订单，你付出了很多的努力。""瑞克，为了赶在竞争对手前面推出这款产品，你经常加班到很晚，辛苦了！""琼斯，我还真不太清楚你具体都做了些什么。"

是的，如果你继续保持着那样一种心态，你极有可能会成为另一个琼斯。在这样的心态下，你便失去了让“自己被看见”的机会，并且也很可能失去后续而来的一系列机会！或许你也和其他得到晋升、加薪的员工一样努力，甚至比他们做得更多，但因为你不懂得要适时地向领导汇报工作，所以你可能就会成为职场“隐形人”中的一员。

综上所述，我们可用这样一句话来概括：光觉得自己很有能力、很有才华是不够的，你还要让自己有“能见度”，而争取多向领导汇报你的工作成绩，是提高你职场“能见度”的一条捷径！

汇报是必要的配合，更是信息共享的机会

如果说“布置工作”是领导让下属了解他的想法的机会，那么，“汇报工作”则是下属让领导了解情况和了解自己的机会，所以我们说，汇报本身也是一种沟通。

有些汽车公司决定新车型的变动方案是通过开会讨论，而丰田公司的做法是：当新车型的变动需要跨部门分工时，主张谁发现问题、谁撰写报告。收到报告的部门阅读后用另一个报告回复。通过几个报告的来往回合，大部分问题就会得以解决。

从企业发展的角度讲，沟通是信息双向交流的不二法门。企业中的管理者与被管理者通过有效的沟通可以实现信息的交流，可以搭建起企业内部良好的合作关系，同时还能促进企业建立良好的人际关系。但是，如果企业内部缺乏有效的沟通或者是由于各种原因没有进行有效地沟通，就会导致沟通的低效，甚至是无效沟通。

这样势必会导致企业管理工作效率的低下，甚至可能会引发更严重的问题。

话说在一片森林里，狮子和老虎之间爆发了一场激烈的冲突，最后两败俱伤。狮子快要断气时，对老虎说："如果不是你非要抢我的地盘，我们也不会弄成现在这样。"老虎吃惊地说："我从未想过要抢你的地盘，我一直以为是你要侵略我。"

狮子和老虎没有沟通，就一厢情愿地按自己的意愿行事，双方为此都付出了十分惨重的代价。在职场中，做到有效沟通也是很重要的。

作为下属，要养成主动汇报工作进度的习惯，因为汇报原本也是工作的一部分。

沟通是一个双向的过程，在与领导沟通的过程中，我们除了需要清晰地将工作的情况报告给领导外，还要认真倾听，消化领导的话语，做到准确领会上司的弦外之音。

宇轩在工作中表现不错，因此颇受领导赏识。有一次领导有意安排宇轩和他一起去美国出差。

一次，领导当着大伙的面问了一句："宇轩，你的英语很不错吧？"当时宇轩也没考虑太多，就谦虚地回答道："我的英语很差。"话刚说出口，有一位同事便"毛遂自荐"，说自己英语还不错，基本上能达到业务翻译的水平。

此时，宇轩才发现自己做了件傻事：领导只是在给自己一个去美国学习的机会，只管点头不就好了吗，这下把机会拱手相让了。果不其然，那位自荐的同事顺利去了美国公干。

有的人说话比较含蓄，要表达的意思一般都包在了话里，也就是人们常说的"话里有话"、"弦外之音"，有些领导会利用"弦外之音"达到指导却又不"伤害"下属的完美效果。对这种性格的领导，在与他进行沟通的过程中，我们要用心揣摩他的"话中话"。

在职场生活中，如果能很好地领悟上司的“话”，那么你将会加快进步的步伐。而要准确领会领导的“弦外之音”，这就需要我们在平常工作中对领导的性格、兴趣、习惯等因素有一定的了解，这样便能促进双方的沟通。

CHAPTER

第二章

你做不好，说得再好领导也不听

——汇报工作前要将工作做到位

事先把工作做好做到位，是汇报工作的前提条件。试问，工作都没做好的人，拿什么向领导汇报呢？

让问题终止于你

美国总统杜鲁门上任后，在自己的办公桌上摆了个牌子，上面写着“问题到此为止”。

“问题到此为止”，对每一名员工来说都是一个很好的启示。无论管理者还是普通员工，在工作中都会遇到各种各样的问题，当问题出现时，你应该怎么办？是把问题踢给别人，找借口回避，还是主动想办法解决？不同的态度和选择将会带给你不同的结果。

在职场中，我们提倡“积极为成功找方法，不为失败找借口”。然而，有些员工面对失败时，他们还是会找出各种各样的借口来为自己开脱。

史密斯先生是一位培训师，他在给客户做培训时，会专门安排一个人来负责把他的培训材料送到客户手中。

一次，他问公司的秘书，问她是否将培训资料已经送到了客户那里，秘书说几天前已经把材料寄出去了。“那他们现在是否已经收到？”史密斯先生继续追问道。“应该没问题，快递公司说两天内能到达。”秘书回答道。听见秘书这样说，史密斯先生也就没再多说什么了。

然而，结果却并非如此。客户虽然收到了材料，但也许是他们收到的信件太多了，所以并未对这份培训资料重视，而是将其同其他普通信件放在了一处，以至于真正要用的时候却找不到了。

事后，史密斯先生将这位秘书训斥了一顿，但秘书却认为这事不怪她，反倒埋怨对方太疏忽大意了。

其实，如果故事中的那位秘书再负责一些，只需随后再与客户联系下，说明一下培训材料达到的时间并提醒他们到时进行培训时将其一同带来，也许就会不出现上述情况了。

从心理学上来看，找借口是人的一种自我保护的本能。但一个优秀的员工会敢于认错和承担责任，并努力想办法来解决出现的问题。

我们不要让自己成为问题的导火索，而应严格控制自己的行为，对自己负责，对老板和同事负责，即使出了问题也要勇于面对，并以最快的方式去解决它，只有这样的人，才能得到更多的信任。

汉克是一家钢铁公司的技术员，他在那工作没多久，就发现公司很多炼铁的矿石并没有得到完全充分的冶炼，一些矿石中还残留没有被冶炼好的铁。他认为这对公司是一笔很大的损失。

于是，他首先找到了负责这项工作的工人，跟他说明了问题，工人回答说公司的工程师没有跟他说过这一情况，所以他们不会采取相应的改进措施。于是，他找到了负责这方面技术的工程师，对工程师说明了他看到的问题。可这位工程师认为公司所引进的技术是很先进的，不会存在汉克所说的情况。

但是汉克仍不甘心，于是拿着没有冶炼好的矿石找到了公司负责技术的总工程师，汉克将他发现的这一问题向总工程师说明。

总工程师听后立马召集公司的相关技术人员，一同来到生产车间查看情况，情况果真如汉克所说的那样。经过检查发现，原来是监测机器的某个零件出现了问题，才导致了冶炼的不充分。

公司的总经理知道了这件事之后，不但奖励了汉克，而且还晋升汉克为负责技术监督的工程师。

我们接受了现在的职位，就等于接受了领导在某一方面对我们的授权。领导授权的本意是让我们帮他解决问题，因此当我们接受了这种授权的同时，我们必须根据自己的权限做到“问题到此为止”，否则这种授权将是无效的。

让问题到此为止，是一种负责的态度。一名对工作负责的员工，会成为最受赏识的员工。卓越员工永远把企业的问题当成自己的问题来解决，体现出高度的主人翁意识和敬业精神。任何把单位的事当自己事的员工，都是最受尊敬的员工，也是最能引起重视并得到更大发展空间和机会的员工。

把工作做完VS把工作做好

我们周围总有这样一些人，他们习惯性地把事情做完，却并没有把事情做好。一旦出了纰漏，领导责问起来，他们会这样说："这事我做了呀。"言下之意是：您安排的这事我"做了"，我的任务完成了，这样的结果跟我没有关系，您不应该为此责怪我。

一位重点财经大学毕业的高材生毕业后进入到一家企业做审计工作，通过对他的考核，公司领导一致认为他的专业能力是毋庸置疑的。但是在一次划账的时候，由于他的疏忽，在报表上多写了一个零，结果导致公司给客户打款的时候多打了100万元。

当公司发现这个错误的时候，整个部门迅速行动，费了九牛二虎之力终于查到了这个数据上的疏漏。接着是与银行沟通，继而又与客户沟通。最后，在客户的一片怨声载道之中总算解决了这个失误。

类似的事情几乎每天都在发生：工作失误要花更多的时间、精力与财力来修正。产品质量出现问题要花时间来返工，技术不过关要靠培训来弥补，一个原本可以花费一块钱生产出来的优质产品，却要很多人在弥补产品质量的问题上再花费一块钱。

身在职场的你是否身上存在同样的问题：在完成任务时只是满足于"做"，

却不重视结果。表面看起来，整天在付出、在努力、在忙，但是这种忙却是没有效果的忙。

我们说“做了不等于做好了”，因为做完事情只是一个公司对员工的最起码的要求而已，做好事情则是公司对员工的终极期待。

张瑞敏在海尔内部实行“日清日毕，日清日高”的OEC管理办法，严格要求每天的工作每天必须完成。他常常向员工灌输这样一个理念：“说了不等于做了，做了不等于做对了，做对了不等于做好做到位了，今天做好做到位了不等于永远做好做到位了。”

何为将事情做好了，我们可以这样理解，即“第一次就把事情做到位”。毫不夸张地说，企业和组织里从来不缺乏聪明人，但是那种能够将工作踏踏实实地做对并做到位的人却并不多。

“第一次就把事情做到位”是质量管理大师克劳士所倡导的理念。日本企业把这一理论总结成“零缺陷”思想，并把它物化为一种很独特的“防傻装置”——即防止缺陷的简单故障预防装置。成千上万的这种“装置”给日本企业带来了质量奇迹，是日本许多企业质量领先的“秘密武器”。

很多成功的企业要求员工“第一次就把事情做到位”。比如在麦当劳，炸鸡腿、鸡翅的时间都是用秒来控制的。少一秒，鸡肉没熟透；多一秒，鸡肉会变老。也就是说，无论多一秒还是少一秒，都会影响鸡肉的口感。因此，每个麦当劳员工都必须一次就把工作做到位，因为顾客还在服务台前等着呢。

在工作中，绝对不能仅仅满足于“做了”这一点，否则，不仅会浪费资源，更可怕的是会毁了自己的前途。在工作中，我们要牢牢记住一点：只有做好了，才叫做了。

“做了”与“做好”，虽然只有一字之差，却有本质区别。前者只是走过场乃至糊弄人，后者却意味着对企业的目标负责，对工作的品质负责。我们只有把“做好做到位”作为执行的关键，才能圆满地完成工作任务。

做好连领导都不在意的小事

如今，有些年轻人刚一入职便雄心勃勃地想在企业里有所作为，却没想到领导分配给自己的工作不过是一些很简单的工作。于是他们就愤愤不平地认为自己从事的工作根本就没有什么价值。

古语云："合抱之木，生于毫末；九层之台，起于垒土；千里之行，始于足下。"其实每个人所做的工作都是由一件件小事构成的，但我们不能因此就对工作中的小事敷衍应付或轻视懈怠。

美国福特汽车公司的高管汤姆·布兰德便是从一名普通员工做起来的。一开始，他是福特汽车公司一个制造厂的杂工，由于不懈的努力，32岁时就升到总领班的职位，最后成为福特公司最年轻的总领班。

汤姆是在20岁时进入工厂的。一开始工作，他就对工厂的生产情形作了一次全盘的了解。他知道了一部汽车由零件到装配出厂，大约要经过13个部门的合作，而每一个部门的工作性质都不相同。他当时就想，如果自己想要在汽车制造这一行做一番事业，就必须对汽车制造的全部过程都能有深刻的了解。于是，他主动要求从最基层的杂工做起。正是因为这项工作，汤姆才有机会和工厂的各部门接触，因此对各部门的工作性质有了初步的了解。

一年半之后，汤姆申请调到汽车椅垫部工作，不久就学会了制作椅垫的技术。后来，他又先后申请调到焊接部、车身部、喷漆部、车床部去工作。不到5年，他

几乎把这个厂的各部门工作都做过了。最后他决定申请到装配线上去工作。

当汤姆·布兰德确认自己已经具备管理者的素质时，他决定在装配线上崭露头角。由于他懂得各种零件的制造情形，也能分辨零件的优劣，没有多久，他就升为领班，并最终成为15位领班中的总领班。

在工作中，没有任何一件事情小到可以被抛弃，没有任何一个细节细到应该被忽略。同样是做小事，不同的人会有不同的体会和成就。不屑于做小事的人做起事来十分消极，不过是在工作中消磨时光；而积极的人则会安心工作，把做小事作为锻炼自己、深入了解公司情况、加强公司业务知识、熟悉工作内容的机会，利用小事去多方面体会，提升自己的能力。

“每一件简单的事做好就是不简单，每一件平凡的事做好就是不平凡。”海尔集团的总裁张瑞敏曾这样说过。工作其实是由一件又一件的小事组成的，你所做的每一件看似琐碎的小事，却往往起着关键的作用。

日本东京有一家贸易公司，公司有一个岗位是专门负责对客户的接待工作，其中的一项任务，就是为公司的客户购买火车票。

有一段时间，位于东京的这家贸易公司与德国的一家贸易公司有商业往来，因而德国公司的经理常需要买东京到大阪之间的火车票。

后来，这位经理发现了一个非常有趣的现象：他每次去大阪时，座位总是紧邻右边的窗口，返回东京时，又总是坐在靠左边窗口的位置上。这样每次在旅途中他总能看到美丽的富士山。

“不会总是这么好运气吧？”这位总裁决定问一问帮自己订票的这位工作人员。

“是这样的。”这位小姐笑着解释道：“据我的观察，人们都很喜欢富士山的壮丽景色。您乘火车去大阪时，富士山在车的右边。而回来时富士山却在车的左侧，所以，每次我都特意为您预订了可以一览富士山的位置。”

就是这件不起眼的订票的细心事，使这位德国经理十分感动，促使他对这家日本公司的贸易额由400万马克提高到1200万马克。他认为：在这样一件微不足道的小事上，这家公司的职员都能够想得这么周到，那么，跟他们做生意还有什么不放心的呢？

细微之处见精神，这种工作态度形成习惯后，一定会给你带来巨大的收益。

这是一个细节制胜的时代，对于自己的工作无论大小，都要了解得非常透彻。可以说，只要是自己的工作，就要彻底地对它负责。如果你能够抱着一种积极的心态去对待“做小事”，你就有了一个良好的开端，成功就可能在不经意间叩响你的门。

美国标准石油公司里有一个小职员，名叫阿基勃特，他很有意思。每次出差住旅馆的时候，他总不忘在自己签名的下方写上“标准石油每桶四美元”的字样。更有意思的是，后来竟然发展到在书信和收据上，他也毫不例外地在签名下方写上“标准石油每桶四美元”。有好事者干脆就给他起了“绰号”，就叫“每桶四元”，以至于他的真名后来倒无人再叫了。

公司董事长洛克菲勒知道这件事后，对阿基勃特的做法大加赞赏，便约见了阿基勃特。后来，洛克菲勒卸任，阿基勃特成了第二任董事长。

在签名的时候署上“标准石油每桶4美元”，这实在是一件微不足道的小事。严格说来，这件小事还不在阿基勃特的工作范围之内。但阿基勃特做了，并坚持把这件小事做到了极致。相反，当时很多比他有才华、能力的人却没有做或不屑于做的人，可是最后，只有他成为了公司的董事长。

大事是由许多小事积累而成的，忽略了小事就难成大事。记住：工作无小事，这首先要求我们具备强烈的责任心，不放过每一个细节，认真去对待它、完成它。当重视小事成为我们的一种习惯，当责任感成为一种生活态度时，那么，我们将会与胜任、优秀、成功同行！

最佳的工作完成时间是“昨天”

职场中常会看到这样的现象：领导分配给员工的工作，本该今天该做的事拖到明天完成；现在该打的电话等到一两个小时以后才打；本该这个月该完成的报表拖到下个月……如下便有一例。

阿玲成功应聘到当地一家大公司做了行政秘书。一次，部门经理交给她一项任务：公司总经理要外出参加一个会议，让她为总经理准备演讲稿。

等到总经理外出参加会议的那天上午。总经理助理问阿玲：“总经理需要的资料都准备齐全了？”阿玲：“昨天加班到凌晨一点，实在是太困了，所以还差一份文件没打出来，到楼下的办公室打印一下即可。”“什么？总经理马上就要出发了，你文件还没整理完毕。好在时间还来得及，下不为例！”总经理助理生气地说完，便头也不回地走了。

没有哪位管理者不喜欢提前完成任务的员工。比尔·盖茨曾说过：“过去，只有适者能够生存；今天，只有最快处理事务的人能够生存。”对领导交办的工作，要争取提前完成，如果你能保质保量地将领导分配的工作都能提前完成，那么，你将会成为他眼中最有价值的员工。

史蒂文是一家公司的生产主管，周三的一个早上，他因公需要出差两天，于是吩咐下属转告贝克，让他于本周五前将某个模具拿到一家外协加工厂去加工。

周五，史蒂文外出回公司，碰见贝克便向他问道："我出差前交代你的那个模具加工的事情，进行得怎样了？"

"已经做好样品了。"

"真的吗？那样品现在在哪里呢？"

"已经送到制造厂里去了。"

要想在职场中脱颖而出，最实际的方法，就是让手中的工作消化在"昨天"。对老板交待的工作要在最短的时间内进行处理，争取让工作早点"瓜熟蒂落"，给公司带来产出和效益。

在这个讲究效率的时代，你千万不要把昨天就能完成的工作拖延到明天，不要等到领导开口说那句"那项工作你什么时候才能做完"时，才开始四处寻找借口并匆忙上阵，仓促处理未完的工作。一旦养成这种习惯，你将会失去更多的发展机会。

拖延是一种很坏的工作习惯。然而，令人懊恼的是，我们每个人在工作中都或多或少地拖延过。

心理学家曾在一所小学做了这样的一则实验。

让小学生阅读一篇课文：第一次阅读时，老师规定学生要在5分钟内完成阅读，结果全班所有的学生都在5分钟的时间内完成；第二次阅读时，老师规定学生在8分钟内读完即可，结果所有的学生都用了8分钟才完成阅读，没有一个学生是在5分钟左右读完的。

通过这个实验我们可以看到这样的现实：生活中不论做什么事情，人们总会有拖沓的心理倾向，潜意识中会在最后一刻才去完成本该早就完成的任务。

迪丽在一家公司担任市场活动主管一职，其中一项任务便是负责公司的促销活动。她工作中有一个特点：如果这项工作需要五天来完成，她前三四天总是不紧不慢，到了后期才开始忙碌起来，往往到任务期限的最后一刻她才能敲定所有的事情。

那么人们做事情为什么能拖就拖呢？原因之一是许多拖拉者有一个错误的观念，就是认为在重压之下自己会表现得更出色。其实这是自欺欺人。心理专家指出：在压力下，人们的表现只会更差，而不会更好。实践证明，“临阵磨枪”“临时抱佛脚”交出的成果往往不尽如人意。

毫无疑问，拖延是一种坏习惯。那么，如何克服这种坏习惯呢？下文给出了三条建议。

◆限定完成期限

如果你是一个没有什么时间观念的人，可以试试给自己强行制定出一段时间需要完成的任务。例如，在接下来的一个小时里，我要将这份报告写完。

◆将任务进行分解，从最简单的方面入手

有的时候你发现自己拖延是因为你手头的任务看起来有点巨大。你可以尝试把大的任务分解成小任务，循序渐进。这样既可以节省时间，又不会让自己有借口拖延。比如，你有一个车库要清理，里面堆满了纸盒和箱子，你可以每天从里面拿走一两个，一周过后，看似很巨大的工作就被分解做完了。

◆让别人一同参与

在条件允许的情况下，让你的朋友、同事或其他人参与到你的活动中来，在这种氛围下，有助于你高效地完成工作。

作为公司的一员，任何时候，都不要自作聪明地设定工作期限，希望工作的完成期限会按照自己的计划而后延。优秀的员工都会牢记工作期限，并非常清楚最理想的完成任务日期是昨天。

对自己的业务主动提出改善计划

“我觉得工作完成得不错，可经理还是不满意，唉！”一些员工从领导办公室出来以后都悻悻然地如此抱怨。在此我们不禁要问：“你真的做得够好了吗？”

一位刚进入公司不久的年轻人，自认为专业能力很强，因而对待工作十分随意。一次，他接到公司领导交给他的一项任务——为一家知名企业做一个广告宣传方案。

这个年轻人自以为才华横溢，用了一天的时间就把这个方案做完了并将它交到上司那儿。谁知领导只是随便地看了看，说：“这就是你能做的最好的方案了吗？”

年轻人一愣，什么也没说，拿起方案，走回了自己的办公室。

年轻人绞尽脑汁，思考修改了好几天，再次交到领导面前，领导还是那句话：“这就是你能做的最好的方案吗？”年轻人还是不敢给出一个肯定的答复，于是又拿着方案回到了自己的办公室，暗暗下决心一定要拿出一个最好的方案。

如此这样反复了四五次。最后一次，年轻人充满自信地对他的领导说：“是的，我认为这是最好的方案。”果然，方案被批准通过了。

年轻人明白了一个道理，那就是：只有不断地对自身的工作做出改进，工

作才能做得更好。

年轻的洛克菲勒初入石油公司工作时，既没有学历又没有技术，因此被分配去检查石油罐盖有没有自动焊接好，这是整个公司最简单、枯燥的工序。

虽然这份工作简单得近于枯燥，但洛克菲勒在从事这份工作时却从来没有忘记思考，他想：如果能将每次使用的焊接剂减少一两滴，那会节省多少成本啊！于是，他试图在这个单调乏味的工作中着手改进。经过不懈努力，他成功研制出“38型”焊接机，每次焊接节省一滴焊接剂。这样一个不起眼的小改变，每年却能为公司带来5亿美元的利润。

优秀的员工懂得思考、勤于思考，他们不像多数人一样机械地工作，而是时刻保持敏捷的思维，从中发现问题，并且积极思考，解决问题。

不少员工都满足于自己的工作状态，习惯于按照领导的安排埋头工作，从来不对自己的工作进行客观的评价和适时地改进。其实，这种心态是很不利于自身发展的，因为它会使你失去前进的动力。那么，我们如何才能克服它呢？下文给出了三条建议。

◆让自己跑起来

在广袤的非洲大草原，居住着狮子和羚羊两类动物，每天早晨，当太阳刚刚升起，狮子就要早早爬起，并且，飞快地跑起来，为的是能够吃到羚羊以便不被饿死；与此同时，羚羊也会更早地爬起来，更快地跑起来，为的是不被狮子吃掉以便能够生存下来。

这是一则有关物竞天择、适者生存的自然法则，职场中亦是如此。只有不断向前奔跑的人，才不会被社会淘汰。

1925年8月4日，“达拉斯希尔顿大饭店”终于落成了，为此举行了隆重的揭幕典礼。在阿比林、韦科、马林、普莱思维尤、圣安吉诺和拉伯克等地相继建起了希尔顿饭店。希尔顿的事业越做越大。他成立了希尔顿饭店公司，把所有的连锁店统一起来，并决心向更广阔的世界去扩展。

永不满足的希尔顿又把下一个目标盯向了被誉为“世界酒店皇后”的华尔道夫大饭店。这家饭店曾接待过世界上许多国家的皇室成员、政府首脑和百万富豪，堪称世界上最豪华、最著名的饭店。经过前后近20年的努力，这家饭店终于归他所有了。

1954年10月，希尔顿创造了他一生中最辉煌的一页，用1.1亿美元的巨资买下了有“世界酒店皇帝”美称的“斯塔特拉系列酒店”。

经过不懈奋斗，希尔顿终于实现了他登上美国酒店业大王的宝座。他没有止步，而是放眼世界酒店事业，成立了国际希尔顿酒店有限公司，将他的酒店王国扩展到世界各地。

如今，“希尔顿”饭店已遍布全球，除南极外几乎世界各地都有。希尔顿的事业跃上了新的巅峰，成了当之无愧的“世界酒店之王”。

不管你现在从事什么工作、在何种岗位上，面对工作，你都需要让自己“跑起来”，从而一步步地接近成功！

◆积极开展批评与自我批评

批评与自我批评是改进工作方法、提高工作水平不可或缺的方法之一。作为一名公司员工，无论职位高低，担负的责任大小，都应很好地运用这一有力武器，认真地开展批评与自我批评，使自己在工作中不断的加以完善，更好地履行公司所赋予工作职责。

有着“日本推销之神”之称的原一平就是积极进行自我批评的一个典范。

原一平会经常反思自己的不足，然后主动地去改进，从而使自己的品格、形象、言行不断完善，亲和力日益提升，越来越受到公众喜爱，赢得了越来越多客户的惠顾。为了更清楚地认识自己的不足，他还策划了一个“批评原一平”的活动。

这个活动的目的是为了让别人能坦率地批评自己。活动期间，原一平都把大家提出的宝贵意见一一记录下来，以便在日后的工作中随时反省自己。随着批评会的定期举行，他发觉自己就像一只蚕蛹一样正在“蜕变”，他的业绩也随之呈直线上升。

◆虚心地向他人学习

不管做什么工作，虚心都很重要。能虚心接受他人的意见，能虚心去求教他人，才能够集思广益，从而促进自身的发展。

17世纪的英国，有一个叫理查德·弗利的铁匠，在斯图尔布里奇附近从事铁器制造的工作。凭借着传统的工艺，弗利和其他英国铁器商一直在铁器制造行业中处于前列。

后来，瑞典的铁器创造者发明了一种叫做“分裂法”的新工艺，制造出的铁器不但质量好而且成本更低。这样一来，他们就对弗利及其同行的领先地位构成了严重威胁。

弗利不甘心把铁器业的经营地盘拱手让给瑞典人，于是他决心他向瑞典人学习这种新工艺，运用瑞典人的成果与之抗衡，以保住英国铁器商的优势地位。

管理学上有一个“标杆管理”法则，强调的就是要向对手学习。要想成功，你就一定要不断关注自己的对手，不断地向他学习。

不感兴趣的事也要尽职尽责地做好

只有事先将工作做好，我们才能自信地向领导汇报工作。而树立正确的工作观——热爱你的工作，是做好工作的前提条件。

日本有一项极高的荣誉——“终生成就奖”，这是许多社会精英终生梦寐以求的奖项，也是无数的才子俊杰一辈子努力的最大目标。其中，有一届的“终生成就奖”却在举国上下的期盼和瞩目中，出人意料地颁发给了一位名叫清水龟之助的小人物。

清水龟之助是一名日本邮差，他每天的工作就是将各式各样的邮件分送到每一个家庭。这样的工作平淡无奇，而清水龟之助之所以获得“终生成就奖”，是因为他在从事邮差工作前后25年的这段期间内，从未有过请假、迟到、早退等任何缺勤情况。

是什么样的力量，让清水龟之助得以不屈不挠、持之以恒地将一份极为平凡的工作变成一项伟大的成就呢？也许从清水龟之助受奖时的感言中我们可以看出一些端倪。

清水龟之助拙于言辞，他的得奖感言只是极简单的陈述。清水龟之助木讷地告诉所有的人，他之所以能够25年如一日地做好邮差的工作，主要是他喜欢看到人们接到远方亲友捎来的讯息时脸上那种喜悦幸福的表情。

他因生活所需成为邮差，最初感觉很苦闷，但他不想把自己的苦恼传染给别

人，他在工作时始终保持微笑。当他看到那么多人接到他送的信时露出微笑，那份快乐又传递给了自己，他觉得自己的工作是最有意义的。

曾经有人问英国哲人杜曼先生，成功的第一要素是什么，他回答说："喜爱你的工作。如果你热爱自己所从事的工作，哪怕工作时间再长再累，你都不觉得是在工作，相反像是在做游戏。"正所谓爱好是动力，它能促使我们将工作做得更好。

然而因为种种原因，我们常常被安排到自己并不十分喜欢的工作岗位上，面对此种情况，其中有部分人便会产生消极的情绪和应对方式，如紧张、沮丧、拖延、回避或敷衍等等，但最后都难免要面对不利的后果，如老板的批评或其他惩处等。但如果换种心态，情况就会大有不同。

露西从小就非常喜欢音乐，但没想到她却阴差阳错地考进了大学的工商管理系。尽管不喜欢这一专业，但是她却学得很认真，每学期的各科成绩均非常优异。毕业时，她进入到一家证券公司工作，并且事业发展得也很好。

尽管如此，当有朋友问及她内心真正喜欢的工作时，她这样回答道："如果能够重新选择，我会毫不犹豫地选择音乐，但我知道那只能是一个美好的'假如'，所以我只能把手头的工作做好。"那位朋友接着问道："既然你不喜欢你的专业，为何你还学得那么棒？不喜欢眼下的工作，为何也能做得那么优秀？"

"我觉得，这是我应尽的职责，所以，必须加以认真对待。不管喜欢不喜欢，那都是一定要面对的。我没有理由草草应付，这是对工作负责，也是对我自己负责。"露西这样答道。

面对自己原本不喜爱的工作，任何的抱怨、消极、懈怠都是不足取的。唯有转变我们的观念，全身心地投入其中，尽职做好自己的本职工作，这才是正确与明智的选择。众所周知，干一行、爱一行、通一行是一种优秀的职业品质。一个人只有干一行、爱一行，才能专一行，最大限度的发挥自己的聪明才智，为公司发展做出自己的贡献，同时也能实现自我的价值。

日本著名企业家、被誉为“经营之圣”的稻盛和夫在他的自传《活法》一书中讲了这样的一段经历。

当初作为研究人员研究课题，每当专心致志做完一个实验，得出意料中的结果时，他总是高兴得手舞足蹈，欢呼雀跃，大喊：“太好了！”可他的助手却总是冷眼旁观。

有一次，当他又高兴得跳起来，甚至叫助手也“高兴高兴”时，助手却说，作为一个男人，动不动就高兴得跳起来，只会让人觉得太轻率。

但他说：“虽然有些轻率，但是发自肺腑的高兴及感恩之心，是继续从事踏实的研究和勤恳工作的动力。”

《福布斯》杂志的创办者B.C.福布斯先生曾说过：“我们视工作为乐事还是苦差事，完全决定于自己的态度，而非工作本身。”其实，只要我们热爱自己的工作，勤恳踏实地干好自己的本职工作，就一定能创造出辉煌的业绩！

既要全力以赴，更要懂得量力而行

“凡事预则立，不预则废。”在工作中，我们在展开行动之前，都会事先制订工作计划，必要时还需将工作计划提交给主管领导由他来审阅。之后，双方会有个交流沟通的过程，在此过程中，双方会就工作计划中制订的各项工作内容与目标进行讨论。但由于二者之间所处位置不同，双方就制订出的各项工作内容与目标可能会产生一些分歧。那么，面对领导的要求，我们该做出何种回应呢？

众多实践证明，挑战性的目标对员工具有很强的激励作用。那什么样的目标才算是具有挑战性呢？用形象的话来说，具有适当挑战性的目标应该是需要下属“跳一跳脚，才能够得上”的目标。

诚然，每一位员工都必须服从组织的整体利益，听从公司的安排和领导，但前提是合理的要求。对于那些不切实际的要求，我们可以拒绝。

某训练场上曾出现过这样一幕。

将军说：“你们轮流爬上那个杆子，并在上面跳一支舞。”

所有人都听到将军的命令都觉得不可能完成，但无人敢发出质疑，这时有一个士兵说道：“将军，你疯了吗？”

将军听后，对身边的人员赞扬道：“嗯，我很欣赏他的胆量。”

对有些人来说，大声地说“不”本来就是一件不那么容易的事情，更何况是在职场中对领导说“不”呢。

其实，人无完人，领导的决策有时也未必都是正确的，无论你是企业的中层管理者还是普通员工，都可以向上司说“不”，但说“不”要注意方式。因为拒绝领导是有一定技巧的。

当你准备向领导说“不”时，应尽量站在公司和领导的立场上来考虑问题，说“不”的理由要充分，一定要有理有据。同时最好能想到一个对双方有利的解决办法，并在适当时机表现出来。

罗克是一家高新技术企业的部门经理，由于他的技术能力强，业务精，公司老总很器重他。

一次，公司部门的经理离职，而一时间又没有合适的人选来接替这个位置。考虑到罗克的业务能力，总经理便找到他，希望他能同时主管两个部门的事务。面对这一情况，罗克很为难，因为他知道虽然自己的技术过硬，但作为管理者还缺乏一定的管理能力，何况同时兼管两个部门，由此他决定找个合适的机会将自己的想法与总经理进行沟通。

趁某个中午休息时间，罗克敲开了老板房间的门。一番寒暄过后，罗克对公司安排他同时出任两个部门的经理一事，与总经理交换了想法，他是这样说的：“我的强项是技术，但另一部门更突出经理管理方面的才能，这和我的技术不相匹配。要我管理一个部门，我可以把这个部门各方面做精做细，但同时管理两个部门就分身乏术了。”接下来，罗克又从公司利益的角度详细阐述了跨部门兼管的利弊，并为总经理推荐了一位合适的人选，让他暂时主管这个部门的事务，待招聘到合适的人员后，再做进一步地安排。总经理对保罗的建议表示了认可。

如何拒绝他人是一门学问，学好这门课程非常重要，只要我们掌握了其中的要领，那么，拒绝领导的不合理要求就不再是一件难事。

圆满完成是本分，高效高质才是能力

主管："今天下午那份材料能写出来吗？"

下属："恐怕不行，要明天上午才能写完。"

主管："不行，今天下午下班前必须给我。"

下属："今天下午也可以写出来，但是质量不敢保证。"

主管："肯定要保证质量了，这是要发给各地分公司领导看的。"

下属："如果要保证质量，就只能明天早上给您了。"

在职场中，上面的一幕场景似乎会经常上演。众所周知，企业是一个讲究产出、讲究效益的地方，质量与效率对企业的效益、产出都会有很大的影响。因而，工作不仅是完成每天的任务，还要注重工作的质量和效率。

有的员工认为：我工作中不断精益求精，所以在时间上难免会有所拖延。诚然，让"质量意识"扎根于心中固然是一个良好的职业素养，但过分地强调质量而忽略效率，除了会给企业的发展带来一定的不良后果，让你的领导对你形成办事拖拉的不良印象外，有时还会让自己及企业遭受很大的损失。

奥德和他的小组成员最近正加班加点地开发一项新技术，终于，功夫不负有心人，通过各种测算、实验，他们总算有了实质性的进展，这一成果令整个团队成员都很兴奋。

可这时奥德迟疑了，为了确保万无一失，他带领团队成员再次对各项研究成本进行了一遍又一遍地验证。而就在他们多次验证的过程中，竞争对手已经赶在他们前面将这一技术迅速应用产品上，竞争对手领先他们推出了产品，很快便占领了较大的市场份额。

上述事例再次告诉我们，做任何事情，除了要把好质量关外，还需积极提升做事的效率。因为注重效率才能抓住时机，拖拖拉拉极有可能会让机会从身边溜走。

工作效率和质量对于每一个员工来说都是很重要的。优秀的员工，高效率就是最短的时间高质量的完成工作，但如何提高工作效率与质量呢？需要从平时点滴的工作做起，具体来说，可以从以下四个方面出发。

◆改进工作方式

因为工作方式的不同，有人虽然看起来忙忙碌碌，工作却难见成效；有人虽然显得悠闲，却是成绩显著。好的工作方法可以大大提高工作效率，让我们保质保量地完成工作任务。

在20世纪90年代中期，各类绘图软件开始深入建筑、家私等企业。年轻人很快接受了这一新兴事物，并且运用到了绘图工作中。而一家企业里有一位老工程师因循守旧，认为自己的手工绘图特别在行，并且习惯了手工绘制图纸，结果他废寝忘食花了一个星期才绘制出来的某建筑大厦设计图，年轻人只花了半天的时间就利用绘图软件绘制了出来。公司早已使用了年轻人先绘制出的设计图。

学习如逆水行舟，不进则退。在工作中亦是如此。实践发现，一些绩效优异的员，有时会陶醉现在已有的成绩中，不愿对目前的工作进行改进，认为自己已经做得够好了，其实，这是一种危险的信号。

南隐是日本明治时代著名的禅师，他的“一杯茶的故事”常常为人所津津乐

道并予以启发。

一天，一位当地的名人特地来向他问禅，名人喋喋不休，南隐则默默无语，只是以茶相待。南隐禅师将茶水注入来客的杯子中。不一会儿，杯子满了。他似乎没看到，继续用壶往那只杯子里注入茶水。

来宾望着茶水不断地溢出杯子，着急地说："已经溢出来了，不要再倒了！"南隐说："你像这只杯子一样，里面装满了自己的看法和想法。如果你不先把杯子空掉，叫我如何对你说禅呢？"

这个故事给了我们很大的启示：我们每个人的心，就像这个茶杯，如果装满了自以为重要的东西，便再难装入更多的东西，自然也就谈不上超越和进步了。对于这类安于现状的员工，他们首先要做的是对自己的心态进行"归零"，然后再图改进。

平安保险公司董事长兼总经理马明哲先生，特别喜欢向每个员工倡导"学会归零"的理念。他说，每一天都是一个原点，每一次工作都应从零开始，每天都应以一种崭新的心态去学习新东西。

◆分清工作轻重缓急

工作中，我们通常要面临多项任务。面对几项要同时处理的工作，哪项工作应该优先处理呢？这就要求我们需事先分清它们之间的轻重缓急，在合适的时间做合适的事。

德国诗人歌德曾说过："重要之事绝不可受芝麻绿豆小事的牵绊。"任何工作都有轻重缓急之分。只有分清哪些是最重要的并把它做好，你的工作才会变得井井有条，卓有成效。

乔·吉拉德被人们称为"世界上最伟大的销售员"。他一直被欧美商界视为"能向任何人推销出任何产品"的传奇式人物。

然而，在他刚刚进入销售行业时，平均每个月至少需要向客户打出两千多个电话，杂乱繁琐的工作让他感觉十分吃力。后来，他发现，花费一定的时间来做工作计划，不但能使繁琐的工作变得井然有序，而且还能提高效率。于是，乔吉拉德先将每周要打的电话记在卡片上，然后再根据卡片的内容排出日程表，列出从周一到周五的工作顺序和详细的工作内容。

坚持做了一段时间后，乔·吉拉德发现自己的工作效率大大提高了。从那以后，吉拉德不再急着打电话，而是每周抽出一定的时间先做好工作计划，然后再从容不迫、信心十足地去约见客户，这对他事业的发展起到了很重要的推动作用。

凡取得卓越成绩的员工，办事的效率都非常高。这是因为他们能够利用有限的时间，高效率地完成至关重要的工作。任何工作都有主次之分，如果不分主次地平均使力，在时间上就是一种浪费。所以，在关键部位，在主要工作上，我们要用全部精力将其做到最好。

◆在工作中创新

进入职场初期，大家都会努力工作，但达到一定的水平之后，有些人头脑里就会滋生一种惰性，满足于已有的经验，不去想用什么新办法来提高自己工作的效率和质量。

为了追求更高的效率，无论是在处理日常性的工作中，还是在应付一些偶然性的事件时，我们都应这样在头脑里多问问自己："除了这种方法，就没有其他更好的方法处理了吗？"这就需要我们不断创新，创新一方面能有助我们提升工作的效率，同时还能让你获得意想不到的收获。

◆善于总结

善于总结，就是要求我们针对工作中出现的问题，随时总结，进行研究分析，找出既能保证零失误、又能提高效率的办法。

因而，我们建议大家在工作中做好工作笔记，每天、每月或者每季度要对自己的工作做个完整的记录和总结。这样我们就能不断发现工作中的不足，同时使问题的处理更具有跟踪性、连贯性。

领导面前不玩虚的，用数字和结果来说话

从某种程度上我们可以这样说，企业产出的结果是利润，员工产出的结果是业绩，因而在工作中，我们要用事实和结果来说话。

用事实与结果说话，又包括三方面的内容：其一，用数据说话；其二，用业绩说话；其三，描述的内容要符合实际，不能存在虚假。

◆用数据说话

阿涛是一家儿童玩具的工厂的生产经理，在过去的一年里，他带领公司人员设计出一款儿童玩具，该产品上市后，便受到了消费者的欢迎，为公司创造了很高的利润。而他一直都为自己的这个成绩感到自豪。

但时间久了，竞争新品也越来越多，竞争者以不同的方法生产出新的产品以满足消费者的需求。而阿涛依然一厢情愿地认为公司的这款产品依然能站稳市场。

公司的总经理看到各种报表反馈的信息，意识到现在必须做出改变了。于是将阿涛叫到办公室，想听听他的想法和建议。结果阿涛还自我感觉良好，觉得这种局面只是暂时性的。当经理将这半年度的销售报表放在他面前时，他傻眼了。很快，他也得到了降职降薪的处罚通知。

哲学上讲，客观事物的价值不以人的主观意志为转移。的确，我们在进行工作汇报时，也不能以自己的主观感受为依据，而应以事实和数据作为评判标准，这样才能让人信服。

◆用业绩说话

在工作中，常听有员工抱怨："哼，我辛辛苦苦干这么多，虽然没出什么成绩，也不至于把我数落一通吧，好歹没有功劳也有苦劳嘛。"乍一听觉得很有道理，只要辛苦的工作了，即使没有功劳，也应该值得肯定了！细思之，这个论点似乎也有不妥。因为市场不相信眼泪，不相信苦劳，只相信功劳。

戴尔公司的核心经营原则就是靠业绩说话。戴尔对业绩优秀的员工一向给予奖励。同时，给业绩平平者执行的是"严厉的走人政策"。

戴尔对各部门、各分支机构的考核更看重最后的结果，主要包括：一是业绩方面的成果考核；二是削减成本的考核。戴尔的成果考核指标很多，有客户忠诚度的指标考核、有投资回报率的考核等。戴尔以业绩指标考核作为标准，牵引或者引导员工为结果打拼。

◆描述的内容要符合实际

在向领导汇报工作时，要做到"言必信"，即说话要实实在在，有一就说一，有二就说二，不夸大也不缩小，更不能胡编乱造，无中生有。

戴维在一家计算机公司做高级程序员，一次，公司接到一个大的项目，由于其他项目负责人都有任务在手，故公司便将这个项目交给了戴维，由他来全权负责。在经过一番沟通后，戴维便带领小组成员按计划要求开展工作了。

半个月后，部门经理向戴维了解工作进展情况，按照计划要求，此时，小组应该完成了三分之一的任务了，可实际上，因为管理不当，工作进度并未按期完成。为了免于批评，他谎称一切都按计划有序进行。

在接下来的工作中，由于内部协调不力，工作效率并未得到提升，眼看工作

任务期限已到，项目开发的任务却不能完成。当部门经理得知这一情况后，除了将戴维严厉批评一番外，还明确告知他，在接下来的一年的时间里，公司不会让他再担任项目主管一职。

吹得天花乱坠，实际行动却不见几分，难免让人觉得华而不实、难以信任。除了客观反映工作现状外，不妨低调一点，说话时留有一点余地，毕竟，谦虚一些能给领导留下好的印象。

CHAPTER

第三章

面对面沟通时，如何才能出色——好口才为你的口头汇报加分

身在职场中的你，经常需要与领导进行沟通。说什么、怎么说、什么话能说、什么话不能说，都是有讲究的。而如何与领导沟通才能得到上司的赏识呢？这就要求我们掌握与领导进行沟通的语言技巧。

应答如流，给出让领导舒心满意的答案

一个聪明、优秀的员工不仅是在工作业绩方面很出色，在面对领导的询问时，他们也能做到冷静、迅速地应答，让领导听着放心。

小许是一家公司的质检主管，近来公司的产品不合格率上升，使得总经理大为恼火。

一次，总经理将小许叫到办公室，问他是什么原因造成了产品质量的下滑，可小许面对总经理的质询，却支支吾吾地说不出一个所以然来。

后来经过小许与其他同事的一通排查，终于找到了原因：原来是质量检验设备的某一个零部件出了点小故障，导致得到的检验数据失真。尽管这件事情得到了解决，但小许明显感觉到现在他与总经理之间的工作关系不再像以前那么融洽了。

小许心里很不痛快，于是，在下班之余，将这个情况向好友倾诉了一番。可令他没想到的是，好友却严肃地对他说："这事你也有很大的责任，如果在领导向你了解其中的原因时，你不是支支吾吾，而是对他说'领导，您放心，我马上就去处理。'这样一来，他或许就不会那样了。"

经过好友的一番点拨，在以后的工作中，在面对类似的情况时，他总会立马回答道："请您放心，我马上处理。"果然，情况得到了明显的改观。

事后，小许明白了这样一个道理：工作能力固然很重要，但说出来的话让

领导感觉到你在尽心工作也是不能忽略的一个方面。

在此需要补充说明的一点是，让领导明确你的工作态度固然很重要，接下来你还需要立马付诸行动。如果只说不做肯定是行不通的。

作为下属，不仅在工作中需要努力工作，勇敢地负起自己的责任，还需要做到有技巧地与上司沟通，在沟通过程中，让他感觉到你对工作积极的态度。

当领导针对工作中的问题和不足与下属进行沟通时，除了需要让他感受到你积极的工作态度外，你还需掌握一定的说话技巧，尤其是在你不太熟悉或不了解的情况下。

诚然，做一个诚实的人是值得大力提倡的，但在工作汇报中，如果还能懂得一定的说话技巧，效果则会更佳。比如，当领导问你的问题，你暂时无法给他一个确切的答复时，你可以换种说法如“我马上去核实”、“我马上去问问”等，这样比你单纯地回答“不知道”要好。

为了进一步扩大市场，提高企业的营业额，公司总经理拟决定再投入一定的成本来开发一种新的产品。为了降低风险，公司总经理召集各部门主管开了一个会议，希望他们能够给予一些建议和意见。

在会上，各部门主管都了解了总经理的这一意图，待大家都看完相关的资料后，总经理便开始征求大家的意见。

其中，市场营销部的何华是这样说的：“您给我点时间让我再想一下，下午下班前我再给您答复。”

回到办公室后，何华在查阅了相关资料之后，他将自己对这个项目书中的疑问罗列了出来，并一一提出了改进建议，在下班前，他将汇总好的内容反馈至总经理。总经理看后，觉得他的见解有道理，于是，再次召集大家讨论。经过几轮的沟通，最终确定了下一步的项目开发计划。

后来的事实证明，经过修改完善后的计划在实施过程中确实做到了将风险控制在最低的范围内，并且为公司带来了巨大的效益。

在“不知道”的情况下，何华并没有直接回答“不知道”，而是采用了一种比较高明的说法。并且事后他也做足了功课，给领导交上了一份满意的答卷。领导无疑是喜欢这类员工的！

作为职场中的一员，当领导询问你有关工作的事宜时，你的回答要让领导感受到你积极主动的态度，这样你才能有更多的收获！

有理不在声高，有事实依据还要拿捏好说话语气

在我们周围，有这样一类员工，面对领导的要求，他们习惯用自己的方式独立地去解决，喜欢用结果证明自己的实力，但在与领导沟通的过程中，容易情绪激动，尤其是在他认为自己的想法或做法是对的、对方还不采纳的时候，这种情绪表现得格外明显。

要知道，说话要充分表达自己的意思和情感，但却不是靠声高来实现的，而是靠语气的得体而取胜。虽然说“理直”就“气壮”，但有理也要有礼，有理不在声高。有理再加上得体的语气，才会收到良好效果。所以，把握好说话语气的分寸，对任何人来说都是非常重要、非常必要的。

街道拐角处的一家咖啡厅里，顾客们正悠闲地享受着美好的下午茶时光。忽然，一位顾客大声地叫道：“服务员，你过来看看你们出售的牛奶，都结块儿了还卖，白白糟蹋了我的一杯红茶！”服务小姐迅速走过来，一边微笑着赔不是，一边说道：“对不起，先生，我马上换一杯新的给您。”

很快，服务员又端了一碗红茶上来了，跟前一杯一样，配着新鲜的柠檬和牛奶。服务小姐再次微笑着对那个男人说：“先生，我是不是可以建议您，如果您在红茶里放了柠檬，就不要再加牛奶呢？因为柠檬酸会造成牛奶结块儿，使它看起来像坏掉了似的。”说完，服务小姐便轻轻退下去了。听服务员这么一说，座位上的那位顾客满脸通红，只见他迅速端起茶杯，匆忙地喝了几口便起身就走了。

在咖啡店的一个角落里，一位顾客轻声地替这位服务员抱怨道：“明明就是他错了，还那么粗鲁地嚷嚷，你为什么不直接说他，给他一点颜色看看呢？”服务小姐回答：“正因为他粗鲁，所以我才用委婉的方式对待他，否则不就吵起来了吗？再说，道理一说就明白了，根本用不着大声说啊。”

所以有理不在声高，用事实说话只有把握了说话语气的分寸，就能使说出的话被对方充分理解和接受，才能收到说话的预期效果。

在工作中，对一位不甘平庸的下属来说，至关重要的恰恰不是唯唯诺诺，而是把自己的不同见解恰到好处地向上司表明。而要让领导接受你的建议，光靠“声高”是不能达到目的的。

在第二次世界大战期间，苏联军队的总参谋长的华西列夫斯基的表现可圈可点，聪明绝顶的他，吸取前任朱可夫的教训，避免重蹈覆辙，于是就耍了点“小手腕”，从而让斯大林“顺从”地采纳自己的意见。

华西列夫斯基的进言妙招之一便是潜移默化地在闲聊中施加影响。在斯大林的办公室里，华西列夫斯基喜欢同斯大林谈天说地，并且往往还会“不经意”地“顺便”说说军事问题，既非郑重其事地大谈特谈，讲的内容也不是头头是道。

但奇妙的是，等华西列夫斯基走后，斯大林往往会想到一个好计划。过不了多久，斯大林就会在军事会议上宣布这一计划，并且他宣布的这些计划都得到了大家的肯定。

正是在这些闲聊中，华西列夫斯基用自己的思想启发了斯大林的思想，使他的建议能够被斯大林所采纳，并成为斯大林最为倚重的人之一。

记住，我们的目的是解决问题，而不是使问题变得更糟，更不是制造新的问题。因此即便你理直，但也不必过分气壮，毕竟委婉地说出问题更容易让人接受，更利于问题的解决。

把握好说话的时机，别在错误的时间发言或沉默

在职场中，不要害怕别人批评你喜欢在领导面前表功，而要担心自己的努力没人看到。要避免成为职场“隐形人”中的一员，最好的办法之一莫过于通过工作汇报来引起领导的注意，尤其是口头汇报。

出色的口头汇报不但可以让领导在短时间内掌握你工作的进度、主要成绩、存在问题及其意见建议，而且还可以通过汇报展现自己的基本素质和口才，给领导留下难忘的印象，为自己创造发展机遇。而要做好口头汇报，很重要的一点在于你要把握好说话的时机。

当一个优秀的棒球选手正想以全身之力去冲球——但挥棒落空了，另一个选手上场，只见他用劲并不是很猛，但结果却是个三垒打。其实这两位选手的水平是不相上下的，为何结果会出现这么大的差异？原因就在于他们对瞬间时机的把握上。说话也是如此，一个人要想把话说得恰到好处，把握好说话的时机非常重要。说话时机不对，很可能自讨没趣。不该说时说，叫急躁；该说时不说，叫隐瞒；不看对方的脸色变化便贸然开口，叫冒失。这三种毛病都是没有把握好说话的时机，这也是很多人容易犯的错误。

裕容龄的父亲裕庚是清朝一品官，容龄年轻时随外交官父母迁居巴黎。她从小热爱舞蹈，但由于受旧礼俗困囿，一直不敢向父母说出想学跳舞的愿望。

一次，日本公使夫人来做客，顺便问其母：“你家小姐怎么不学跳舞呢？我

们日本女孩都要学的。”裕母不便拒绝，顺水推舟道：“往后让她学吧！”裕容龄趁机进言了：“好母亲，我今后就学日本舞跳给你看，好吗？”说罢便换上舞装跳起《鹤龟舞》，公使夫人夸赞不已，母亲也只好认可。

裕容龄的进言成功全在于抓住了时机。在工作中，我们在与领导沟通时，也需要选准说话的时机。

莎拉在一家公司干了四年多了，越来越感到无奈与失落。在公司里，她感觉自己就是“多她一个不多，少她一个不少”的那种人。

有好几次，莎拉也曾鼓起勇气，想找老板谈一谈自己的工作和抱负，可是每次几乎都遭到了老板的拒绝。

就比如最近的一次吧，莎拉在办公室的走廊里等了好久，终于等到了老板，她赶紧迎上去：“总经理，您现在有空吗？我想和您谈谈我的工作。”

总经理：“哦，现在？我正忙着出去见个客户，过几天吧。”

莎拉：“……那好吧。”

莎拉一脸的失望和懊丧，走回了自己的办公室。

莎拉因为没有选择合适的时间，导致她未能与总经理进行充分地沟通。

不论谈论任何话题，都需要把握适当的时机。一个沟通能力强的人，总是能够说得适时适地，恰到好处。

多年前，一家企业购置了一批计算机及相关设备，但在机房安置空调机一事上，领导却不肯批准，给出的理由是其他部门的员工都在没有空调的情况下办公，不宜单独对机房破例。

有一次，企业的领导与员工一起出去旅游。在一个文物展览会上，领导发现一些文物有了毁坏和破损，就询问解说员。解说员解释说，这是由于文物保护

部门缺乏足够的经费，不能够使文物保存在一种恒温状况下所致。如果有一定的制冷设备，如空调，这些文物可能会保存得更加完善。

领导听后，不禁有些感慨。此时，站在一旁的机房负责人乘机对领导低语："领导，机房里装空调也是这个道理呀！"领导听后，沉思了片刻，然后说："嗯，按照公司的流程，你先写申请，然后这事交给你来办！"

从这个例子可以看出，正是由于这位机房负责人能够不失时机地将眼前的情景同自己所要提出的建议联系起来，使领导产生由此及彼的类比和联想，从而很好地启发了领导，使他能够接受自己的意见，使问题得以解决。

不便直说的话，委婉地表达出来

每个人都有自己的观点和想法，当我们的想法遭到别人直言不讳的反对，特别是当受到激烈言辞的刺激时，都会或多或少的表示不悦。当然，对于许多领导来说，由于有着较高的涵养，他们不会受情绪左右，意气用事。但是，不少实例表明：直来直往有时反而“欲速则不达”。

“这个周末我们就准备在周边的小区，针对公司新出的这款产品做一个宣传推广活动！”听到这一消息，部门员工詹姆斯认为，这么重要的产品推广计划，怎么能在不做市场调研的情况下就草率决定了呢？于是，他按耐不住自己的急性子，当面就提出了反对意见。

“经理，你的决定太草率了，我觉得还是应该先做调研，再做决定。”

“草率？”这个字眼似乎狠狠地刺激了经理，他刻意把它提了出来。“做事情就得有魄力，等你什么都调查好了，黄花菜都凉了。”

詹姆斯觉得很委屈，本是一番好意，可碰了一鼻子灰。

可见，向领导提意见一定要注意方式方法，因为提意见的目的不是借机发泄自己的不满，而是为了被采纳和解决问题。倘若我们换种方式，采取迂回说服的策略，则更容易达到目的。

实践表明，下属在说服领导的时候，通过迂回的办法去表达自己的反对意

见，并力求使领导改变主张，仍然是十分奏效的方法。

卡耐基对此也有相关的论述，他在《人性的弱点》一书中就提出，每个人都有与他人意见不相符的时候，每个人都有强烈的自尊心和面子观念。所以，当你用直截了当的方式反对别人时，无论你的口气和神态怎样，对方都会觉得你没有给他面子，伤了他的自尊，这样会使你在无形中多了一个不必要的麻烦。相反，通过先扬后抑的转折句间接地提出你的想法，会产生不一样的效果。

以本节前面的那个例子为例，假设詹姆斯听到了经理的决定后，他另找场合，对经理这样说："我非常佩服您一贯果断的工作作风。但是，咱们这款产品属于高档产品，而我们目前对周围的居民区的消费水平还不太了解，如果不事先进行市场调查，就怕咱们费了功夫而成效不佳呀。"

如若采用这种沟通方式，相信这位经理肯定会接受他的建议。

事事为领导着想的汇报，才是最棒的汇报

作为下属，我们时常会对上司的某些做法表示困惑，如“他为什么要这样做”、“我的建议很好，为什么得不到采纳”等。在职场中，这是一种常见的分歧。

而面对这种分歧，有些员工没有调整好自己的心态，进而加深了双方之间的隔阂，显然，造成这种局面对自己、对公司都是有害无利的。

松下电器公司的创始人松下幸之助先生在做生意的过程中，总结出了一条重要的人生经验：站在对方的立场看问题。众所周知，同一件事情，因为所处的位置不一样，因而考虑问题的出发点也就不同，自然会产生不同的看法。而在企业里，领导与员工正因为所处的位置不一样，扮演的角色不一样，所以双方出现意见不一的情况是很正常的。而当你与领导发生分歧时，除了要设法和领导做到充分沟通外，你还需进行换位思考，学会站在领导的立场上去思考问题，这样你或许就能理解领导的意图了。

这个道理也可运用到工作汇报中。实践表明：一个下属能站在领导的立场上去说话，是理解领导的最好方式；而一个固执己见、不能理解领导的员工，则很难得到领导的认可。

琳达是一家公司行政部的职员，工作中除了努力做好本职工作外，她还积极为公司的发展献计献策。虽说提了很多建议，但很少被采纳。

一次，她将完成的一份报表交给公司总经理，总经理看完后非常满意，并

对她说道："你的工作表现大家都是有目共睹的，公司上上下下对你的评价都挺高的。另外，关于你提的那些建议，没被公司采纳，你有什么看法？"琳达听后，微笑着说道："首先，谢谢您的夸奖，我一直认为只有把自己的工作做好了，这样才能让领导少分点心而有更多的时间去做别的事情。其次，我的那些建议只是站在我作为一个员工的角度而提出的，之所以未被采纳，可能是我认识的局限性，没有像公司领导那样站在整体的角度来想问题吧。"

听完琳达的话，总经理会心地笑了。

琳达的话言简意赅，每一句话都站在领导的立场去说，自然也就能得到领导的欢心了。

深得领导信任的员工，除了有较强的工作能力外，他们还是懂得换位思考的人，他们善于站在领导的立场上去说话，想领导之所想，急领导之所急。

当然，沟通是双向的。如果工作双方都能做到换位思考，领导充分咨询员工的意见并给予员工必要的指导，员工在工作中通过及时地向领导汇报，那么，效果肯定会大有改观。

聪明的下属要懂得示弱

在几百年前，意大利天文学家伽利略就说过：“谁也不可能教会别人什么事，只能帮助他学会什么事。”19世纪英国政治家查士德·斐尔也对自己的儿子说过类似的话“要是有可能的话，你比别人聪明是最好不过的事情了，但不要把你比别人聪明这件事在别人面前显摆出来。”

这其实是一种示弱的姿态。在与领导沟通的过程中，刻意抬高他人或暴露自己的一些弱点，往往能消除对方的警戒和恐惧。

要知道，人类都存在一个共同的弱点，永远认为自己是最优秀、最正确的，从来不肯真心地接受比自己优秀、正确的人或事。

当然，这只是愚人之所作所为，真正的聪明人从来不会特别强调自己的优势，或千方百计显示自己比对方高明。如果急于求成，恐怕会适得其反，更容易激起对方的戒备心。

在职场上，示弱是一种以退为进的表现形式，示弱不是妥协，而是一种解决自己生存的有效方式；在职场上，有些示弱的表现确实是值得借鉴的。

有一个记者去拜访一位外国政治家，目的是获得有关他的一些丑闻。然而，还未及寒暄，这位政治家就对记者说：“时间还多得很，我们可以慢慢谈。”记者对政治家从容不迫的态度大感意外。不久，仆人将咖啡端上桌来，这位政治家端起咖啡喝了一口，立即大嚷道：“好洒！”咖啡随之洒落在地。

等仆人收拾好后，政治家又把香烟倒着插入嘴中，从过滤嘴处点火。记者赶忙提醒：“先生，你将香烟拿倒了。”政治家听到这话之后，慌忙将香烟拿正，不料却将烟灰缸碰翻在地。平时趾高气扬的政治家出了一连串的洋相，使记者大感意外，不知不觉中，原来的挑战情绪消失了，甚至还对对方产生了亲近感。

而这所有的一切，其实是政治家故意安排的。当人们发现杰出的权威人士也会有很多弱点时，过去对他抱有的恐惧感与诸多成见就会消失不见，为其省掉很多麻烦。

能放下架子做“弱者”，在某种意义上来说，也是人生在世的一种姿态。而且善于选择示弱的内容，在交际中也非常重要。

美国心理学家调查发现：一名彪形大汉在拥堵的马路上横穿而过，愿意给他让路的车辆还不到50%，因此出车祸的概率很高；但是老弱病残的人横穿马路，却有很多人相让，大家都觉得自己是做了善事，因此车祸率几乎为零。

看看，弱与强，在某种时候，收到的效果截然相反：示弱，让人处于强势的地位；而强硬，则反而处于弱势的地位。示弱，可以是个别接触时推心置腹的长谈，幽默的自嘲，也可以是在大庭广众之中有意以己之短，托人之长。

当我们想说服一个人的时候，要么是苦口婆心地劝导，要么是像老师对待学生或家长对待孩子一样，要求对方接受自己的想法。恐怕没有人，包括你自己，也不会喜欢这种强迫性的、被硬塞给你的好心劝导。很多时候，严厉的指责性的话语换一种方式表达出来，往往会收到相反的效果。

请注意，你跟领导沟通的时候永远不要出现这样的字眼：“那么，你来看我是怎么做的。”因为你这样说，无疑是在告诉对方，你比对方强，你能让他明白一些事，你能改变他的想法。知道你错得多么离谱吗？永远没有任何人能心安理得地接受对方带有挑衅和指教意味的说服，任何时候都不可能。事实上，连你自己也无法保证自己的每一句话都说得正确，每一件事都做得正确，因为正如世纪伟人西奥多·罗斯福说的那样，他对自己决策正确率的最大希望是75%，又怎么可能用自己并不一定正确的言行去令他人信服呢？

有些话，上司面前千万不要说

在生活中，说话不经大脑可能被当做直率，但是在职场，这是不成熟的表现。假如你说的话恰恰是老板最不想听到的，那么，你只能准备卷铺盖走人了。在上司面前，有些话千万不要说出来，因为“祸从口出”的例子简直太多了。

张晋在公司负责产品的市场推广工作，前几个月，因为受诸多因素的影响，部门的业绩一直下滑。为此，上司“龙颜”大怒，将张晋所在部门的几个同事都批评了一通。当上司正在气头上的时候，其中一个不识相的家伙还在那里争辩：“这不是我的错……”听了这样的话，老板更生气了，火气很大地说：“不是你的错，难道还是我的错！”

老板本来逐渐平息的怒火又再次燃烧了。那位不识相的家伙犯了上司的大忌，如此说话只会更加激怒老板。其实，就算不是自己的错，也不妨说“在这件事情上，我确实有改进的空间，我认为应该如何如何”，用这样的句式将话题重点转移到寻求解决的方法上。等问题解决了，再追究责任人，你也不会成为代人受过的冤大头。

身在职场，只有说话有分寸、做人知进退，才能让自己混得顺风顺水。职场话语王提醒，当你想在上司面前说下面这些话时，一定要及时打住。

◆“那不是我的工作。”

对许多身为领导的人来说，下属就应该完成任何他分配的工作。所以，当你接到一些不属于自己工作范围内的任务时，先别第一时间拒绝你的上司。不妨先想一想：他为什么要给你这份差事，是否有一个合理的原因？如果你真的认为自己不应该做某些工作范围以外的工作，你可以尝试跟上司说明原因，然后建议其他人选给他。

◆“这不是我的失误。”

这句话一出口，会让人感到你对工作满不在乎。而且，还可能给上司另一种感觉：通常一个人越说事情跟自己无关，这件事跟他的关系就越大。出现失误后，应该先去想补救方法，而不是一开始就想着要由谁来背黑锅。

◆“这不是我的问题。”

这句话会产生跟上一条相似的效果。如果工作真的出现了问题，而你又觉得不是自己的问题，那么除了说出这句话外，你可以选择不发表意见，或者提出一些补救的建议。其实，在办公室里的任何失误都应该由整个团队一同负责的，因为大家都是同坐一条船！

◆“我做不到……”

说自己做不到某事无异于在老板面前摇白旗。就算那项工作确实难度很大，以自己的能力很难独自完成，但这样说话仍会给人你很无能的感觉。有些工作可能的确是存在一定困难，可老板雇用你并不是为了听你说什么事情做不到，而是解决这些棘手的难题。

◆“这是不可能做得到的。”

这句话好像在对你的上司说：“我是一个不能胜任工作的雇员，事情之所以做不好在于你不是一个好上司，缺乏判断能力。”遇上这样的情况，最好先闭上你的嘴巴，然后动动脑筋，想想如何才能把上司所说的工作办妥。假如真的有困难，就跟上司商量商量。也许你还不知道，你的能力比你自己预期的要高。

◆“我干不了这么多。”

当你跟老板说工作超负荷时，老板不会对此表示歉意，更不可能对你法外开恩；相反，老板会想，你要么对自己的工作没兴趣，要么就是不称职。如今

每个职场人都有压力，都在超负荷工作。

◆“这活儿对我来说是小菜一碟。”

是的，可能你的工作没有什么难度，但是假如你对此不屑一顾，那你给人的印象会很糟糕。这样的话说完会产生什么效果？老板可不会认为“啊，这可是优秀的青年，我要提拔他”，相反，他会在心里说：“真是个笨蛋”。另外，做同类工作的同事也会对你心生抵触，因为他们很反感这种言论。

◆“您这都不知道？”

大多数老板觉得自己懂得的东西很多，假如你和办公室的其他同事在某件事情上跟你的老板持有不同的观点，可以试着这样说：“您可能已经知道这个。”这样你的老板就会觉得自己的想法受到了尊重。

◆“等一会儿。”

有时老板让你去见他的时候，你恰巧要做一些你一直等着要做的事情。事实上，老板们从来不会把我们个人的需要看成是工作中一个重要的因素，所以当你的老板叫你去他办公室的时候，最好别跟他说“等一会儿”。

只有记住这些在上司面前不要说的话，才不会给自己惹来不必要的麻烦。当然，在上司面前一言不发也不会有任何裨益，因为上司期待的是有价值信息、观点和想法，而不是沉默的摆设。

CHAPTER

第四章

怎样设计领导对你的一“见”钟情

——平时练好基本功，书面汇报不犯愁

以书面形式向企业和领导反映工作情况也是进行工作汇报的一种常用的形式。而如何向领导提交一份漂亮的汇报材料呢？这就需要我们掌握一定的写作技巧。

书面汇报第一步：先明确你要汇报什么

工作汇报的重要性已经毋庸置疑，接下来我们首先需明确这样一个问题，即工作汇报的内容都包括哪些方面？

一般来说，汇报的内容主要有两种：一种是常规性的，比如月度目标、年度目标等，这需要定期汇报，每周或每月汇报一次；一种是非常规性的，比如突发事件、临时工作等，这需要及时汇报，以便主管领导及时做出决策。

常规性的工作汇报，大体包括工作进度，成绩与不足，困难与问题及下一步打算等内容。简而言之，这种类型的工作汇报其重点应放在取得成绩和总结经验上，也可针对工作中存在的问题提出处理意见，供有关领导参考。

下面是一家企业的生产班组长提交的书面工作汇报的大纲。

（1）生产计划完成情况概述

①各类产品的生产计划的完成情况

②各类生产异常情况等

（2）产品质量方面的工作汇报

①各道工序、各车间（班组）的产品质量情况

②质量问题的处理汇报

③质量目标达到情况

④产品的不合格率及产生的原因

（3）物料方面的工作汇报

①物料供应计划的完成情况

②物料定额达标情况

③物料耗用情况及日消耗量

④剩料、缺料解决办法

⑤呆废料和遗留旧料及零部件的处置

⑥物料异常情况

（4）班组安全生产情况说明

①生产安全规程执行情况

②班组生产安全事故发生次数

③生产安全事故处理情况及整改措施

非常规性的工作汇报，通常是以陈述情况为主，侧重于写清楚事情的原委、性质和自己的看法或者是自己的处理意见，以便领导参考。

在明确了工作汇报内容的基础上，要想提高写作“汇报材料”的质量，需要注意“清、重、实”三点要求。

（1）所谓“清”就是要做到思路清晰清。在撰写书面汇报材料之前，首先就是要理清汇报的顺序。

（2）“重”就是重点突出。汇报材料的内容包括多个方面，但面面俱到往往事倍功半。汇报材料要突出重点，就要做到有“点”有“面”。“点”就是重点，“面”是非重点，在汇报材料里，只是起辅助性说明性的作用，应该适当浓缩。

（3）“实”就是实事求是。写汇报材料要做到实事求是，客观地反映工作情况。

想要写好工作汇报，从坚持写好工作日志开始

工作中的每个人其实都应该问自己这个问题：我需要写工作日志吗？答案是肯定的。

一位知名的营销培训讲师经常被邀请外出讲课时，培训间歇，一些学员问他："您现在飞来飞去在全国各地给企业做培训，哪有那么多的时间写出那么精彩的营销管理方面的文章呢？"这位培训师答道："这得益于以前做销售与管理时所做的大量工作日志，它不仅见证了我日后的成长与发展，而且还成了我业余创作的思想源泉。"

有的员工认为，写工作日志的目的是为了更好地"监督"自己，其实这种认识是很狭隘的。工作日志主要是写给自己看的，不要当作应付主管检查的道具。日志看似简单，记录好的话，将是一笔宝贵的财富。

◆写工作日志是自我工作管理的一种方法

养成每天坚持写工作日志的习惯，不但可以确保每天工作不会出现遗漏，而且可以帮助你提高自身的事务管理和时间管理能力。

◆它是管理者与员工之间沟通的一种渠道

工作日志是一种能促进工作有效开展，加强工作交流的一个工具。工作日志主要是对一个员工当天工作的总结，它能使上级更加清楚员工的工作情况。

工作日志有不同的形式，你可以用表格记录，也可以用文档描述，总之是要把当天的工作情况记录下来。

工作日志主要将成果以及遇到的问题，或者是心得体会之类的表现出来。同时，工作日志除了总结今天的工作，也要阐述明天的工作计划。

当然，要想让工作日志真正变成自己高速成长的跳板，写时还要注意以下几个问题：

◆要认真不要敷衍

很多员工对于公司要求的工作日志，总是抱着一种应付的态度，比如，平时不写，到月底公司要检查时突击完成，不仅内容空洞，而且字迹潦草，让人一看，就知道是应付差事。

试想，一个经常应付的人，企业能托付重任吗？工作日志虽然事小，但却反映了一个人的工作态度。一个态度不好的员工，他会得到上级或领导的青睐吗？要记住：工作日记，是写给未来的自己的，不是写给企业的，一定要细致和用心。

◆不要记成流水账

很多员工写工作日志，往往记成了流水账。比如，9:00上班，去拜访客户；10:30协助客户巡访终端和铺货……这其实仅仅是一种记事，而工作日志中最重要的部分，工作得失等这些对未来发展有启发和借鉴的东西没有写出来，如此便会大大降低工作日志的效用。

工作日志不是为了记录而记录。养成好写工作日志的习惯，有利于我们进一步开展工作。同时，也有利于我们发现问题，并解决问题，让我们下一阶段的工作更出色！

撰写好汇报材料要抓住三个环节

在实际工作中，下属向员工汇报工作是常有的事情，因为，写工作汇报也便是下属可能会经常要做的工作。

汇报材料是下属向上级领导进行工作汇报时的文稿，是向上级反映自身工作开展情况的。向领导提交工作汇报，看似很平常，实际很重要。事实证明，汇报材料写得好，就能较好地反映你的工作状况，得到上级领导的重视，更好地推进下一阶段工作的开展；相反，若工作汇报材料写得不好，汇报内容没有紧贴汇报的主旨，思路不清，观点不明，语言拖沓，则会为你的工作状况减分。

所以，任何有工作经验的人都会十分重视这件事。那么，怎样才能写好汇报材料呢？下文提出了三点要求。

◆突出主题，做到投其所好

首先，工作汇报的材料要突出主题。一般来说，领导听取某部门或某个人的工作汇报都有一定的目的性。因此要准确领会领导意图，紧紧围绕领导的关注点来撰写工作汇报，切不可偏离主题、答非所问或缺漏汇报内容。

其次，下属在编写工作汇报时，要考虑到主管领导的特点，做到投其所好。具体来说，包括两个方面的内容。

①汇报内容的行文特点要符合上级领导的思维特点和语言风格，力求汇报的思路和语言与领导接近。

②汇报内容要紧贴上级领导分管的工作。领导分工各有侧重，我们需要针对领导所分管的工作，撰写汇报材料。

◆分清层次、结构合理

汇报材料的内容，一般包括工作开展情况、工作成绩、存在的问题与建议，下阶段的工作计划等内容。在对如此丰富的信息进行编排时，要做到如下两点：

①汇报材料要做到层次清晰、结构合理。

②情节要简单，突出主要情节，不必事无巨细、面面俱到。

◆情况准确，语言简洁

汇报材料是通过汇报者所写的报告向上级领导传递信息，以供其决策所用。因此，工作汇报材料的语言要简洁明快，切忌冗长啰唆。

所以，情况必须要真实准确。写汇报材料人员，要说实话、报实情，一是一、二是二。讲成绩时不能随意拔高、扩大，谈问题时不能回避、掩饰，能够量化的，要用数字说话。

老马是一家制造企业的负责人，面对如今日益竞争激烈的市场环境，他在考虑公司是否要进军一个新的领域。

于是，他将公司的中高层管理人员召集到一起，就这个问题进行讨论。在这个问题上，主张向新领域进军的老刘和主张先稳扎稳打、后续再进行业务扩张的老王进行了激烈的争论。总经理老马一时难以决定，于是分别让他们各写一篇汇报。

事后，两人都做了认真的准备。两天之后，公司再次召开了一次中高层领导班子的会议。会上，老刘先作汇报，讲了两个多小时，难免漫无边际。老王汇报不到半小时，重点突出，要言不烦，让听者印象深刻。两人汇报完后，老马还是没有轻易做出决断，而是说："再给三天时间，你们两人各写一份书面材料交来。"

三天后，两人的汇报材料提交至总经理办公室，老刘写了将近两万字，老王写了八千字。到第三天下午开会的时候，老马表扬老王，说他的这份材料意思清楚，重点突出，论点可以服人，于是他决定暂缓进军新领域的计划。

工作汇报的写法没有固定的格式，需要撰写者认真体会、灵活把握，但重点是抓好内容、结构和语言三个方面的问题。

来点视觉冲击吧！图表比文字更具有说服力

在向领导汇报工作之前，尤其是内容的篇幅较大时，我们大多数人会有这样一个习惯：除了用简明的语言将主要内容罗列出来外，还会在其中穿插图表，使其内容显得更清晰、更有说服力。

生物学家介绍说，人类从眼睛通往脑部的神经，要比从耳朵通往脑部的神经多好几倍，而且，从科学实验中可以发现，我们对眼睛暗示的注意力是对耳朵暗示的25倍。因此，如果你想要清楚地表达，你应该生动地描绘你所说的要点，把你的想法具体化。

美国国家收银机公司总裁帕特森就采用了这种方法。他在《系统杂志》所写的一篇文章中，简要说明了他向工人及销售人员演讲时所用的方法。

“我认为，一个人不能期望单凭言语，让人了解他的想法，或是掌握住别人的注意力，还需要一些戏剧性的辅助手段。最好是补充图片，以图片表现出对和错的两面，图表比语言文字更具有说服力，而图片又比图表更具说服力。对某一主题最理想的表现方法，就是将每一部分说明都配以图片，而文字与语言只是用来与它们配合。我很早就发现，在和人们打交道时，一张图片胜过我所能说的任何话。”

图表是一种高效、直观、形象的表达工具，它能让使用者以最少的时间、以最能冲击视觉的效果直击问题的要害。因此，我们说，简单的图表胜过繁琐的文字，尤其是在作报告或演示某一内容时。

为了让所有员工积极为公司的发展积极献言献策，公司领导会定期召开员工大会。在会上，会议主讲人需要将公司目前的发展情况清晰地告知大家。下周一又要开员工大会了，这次，公司总经理要求这位新晋升的经理——本恩来为大家作这个报告。

为了做好这项工作，本恩首先对行业的现状、竞争对手公司的情况及本公司的现状等方面做了很多的调查和研究，获得了很多有价值的信息，因而他对即将要完成的这份报告充满着信心。就在他高兴之余，他突然想到一个问题，这么多的内容我如何才能让别人看起来更清晰、简洁呢？有了，本恩很快便想到了一个好主意——用图表来传递信息。

经过几天的准备，会议开始了，轮到本恩发言时，他说：“各位领导、同仁们，早上好！现在由我来向大家作报告，报告的主题是向大家介绍一下目前业内状况和市场形势，在此基础上，我针对公司下一步的发展方向提供一点儿我的建议。请看大屏幕……”

在一段简要的文字说明后，紧接着出现了几张图表，在图表中，公司的市场份额、销售增长率等信息都清晰地展现在听众面前。本恩在上面给大家作简要的说明，下面的听众也很清楚他所讲述的内容。不多久，一场精彩的报告便结束了。

报告阐述完毕，下面响起了一片热烈的掌声。

图表化的演示，让他不需要作太多的补充，就能让听众从中读出所有的信息。的确，繁多的资料会让人看起来很疲劳，而图表则不一样。图表言简意赅，但所反映出来的信息却很丰富。因此，在工作汇报时，我们应充分运用图表这一工具，将我们所要表达的内容和信息通过它，让领导“一目了

然”地看到。

目前，图表已被广泛运用到企业的各类文件中，然而，如何更形象、直观地用图表来阐述我们所要表达的内容呢？对此，我们给出了如下两点建议。

◆遵循“越简单越好”的原则

图表的制作需遵循“越简单越好”的原则，我们只需将所要反映的信息用图表表达出来即可，而不是要将它做得多绚丽多姿。

◆图表使用不宜过多

有效地运用图表确实为我们的工作带来了便利，但凡事过犹不及。如果单纯地是一长串的图表常常会令人感觉到枯燥，并且用的图表越多，记住它的人反而会越少。

与时俱进不落下，掌握电子邮件沟通的技巧

汇报工作是员工工作的一部分，将职责内工作的进展、变化或是异常情况与领导沟通，随时都应该准备进行，你的这一举措不仅会得到领导的帮助和支持，让自己少走弯路，领导也方便协调资源配合你完成任务。

在现今的商业社会中，电子邮件已成为当今使用很频繁的一种沟通工具，它让企业内部的沟通变得更为便捷，因而，很多企业也会广泛使用电子邮件这一工具来要求员工向领导汇报工作。

大卫被任命为一个跨部门项目的项目经理，为了确保项目如期完成，他事先制定出了工作进度表，并且用电子邮件群发的形式发送给了所有项目组成员，其中也明确了各自的任务。同时，每次发邮件都会抄送给项目组成员所在部门的直接领导。

另外，在邮件中，他也要求项目组成员用邮件的方式定期回复各自任务的完成情况，当然，回复的任务完成情况也要求他们抄送给其直接领导一份。

这样做的结果是，项目组成员有条不紊地按照他制订的计划执行工作任务，最终使得项目得以顺利完成。因为在项目执行期间如果有哪位成员在邮件中为自己没能按时完成任务找借口，这信息也会被其直接领导看到，在这双重的压力之下，他们自然会努力工作了。

大卫的这种管理方式确实起到了成效。中国惠普公司原高级管理人员高建

华先生在他的《笑着离开惠普》一书里也谈到了这个问题："凡是跨部门的事情都要及时抄送相关的人员，抄送自己的上司。那时候我们所有的往来邮件都会抄送自己的上司，这样上司就知道我们每天都在干什么，处理问题的方法对还是不对，需要的时候上司会回复邮件，提出建议，或者支持员工的做法，或者表扬员工的做法等等。"

电子邮件的便捷性大家都感受到了，那么，我们如何才能写出一封简洁明了、给上司留下好印象的汇报邮件呢？

◆写好邮件主题

主题要提纲挈领，人们每天在收件箱里会收到大量的电子邮件。想让你的邮件不被领导给忽略掉，在此主题栏里用短短的几个字概括出整个邮件的内容，便于收件人权衡邮件的轻重缓急，分别处理。

◆正文开门见山

一封好的邮件应该简明扼要、层次清晰、逻辑性强。要点出现在最开始，其他信息都和要点相关，这样收件人很快就能知道邮件的主题。如果邮件带有附件，应在正文里面提示收件人查看附件。

◆正确地送

把邮件发给正确的接收人是很重要的。没人想在收件箱中看到与自己无关的电子邮件。还需强调一点：必要时，你需要以电话、口头沟通等的方式告知主管领导，让其知晓你的工作汇报已发至其指定的邮箱中，以便能尽快得到对方的回复。

提升书面表达能力=加强你的职场优势

一些人刚步入职场时把口头表达能力看得很重，甚至以为一个人只要能说会道就行了。结果，当老板让他们写一份工作汇报或者总结时，他们提起笔却迟迟写不出来一个字，即使勉强写出来，也是词不达意，错误百出。

事实上，书面表达能力跟口才表达能力一样重要，如果一个人连自己的思路、想法、方案都无法准确地用文字表达，进而传达给领导知道，那么，这将会极大地阻碍他的发展。

在职场中，如果你的书面表达能力特别强，那无疑是你的一个优势。很多情况下，企业内部的交流需要通过书面形式进行，而良好的书面表达能力使我们将自己的建议和方案表达清楚，进而达到为我们的工作增色的效果。那么，我们如何来提升自己的书面表达能力呢？

◆多看多记多思考

我们在读一些优秀作品的时候，要多思考背后的成因，如遣词造句、内容架构等，同时，我们还需养成做笔记的习惯。古往今来，不少有成就的作家都有随身带着本子记录的习惯。

宋代诗人梅尧臣外出时总会带上一个小布袋，每当读到佳句妙语，就把它们写在纸片上，然后投入小布袋中。做学问时，便从小布袋中取出所记的纸条，或予以引用，或启发思维，终成一位出色的诗人。著名作家列夫·托尔斯泰也

经常随身带着一个小笔记本，他不论是散步，出游，还是坐下来和客人喝茶，甚至在球场上的孩子们中间，都不时地拿出本子来，记下点什么。笔记本就成了他写作素材的仓库……

◆多练习写作

练习写作、写日记无疑是一种很好的练习方法，而写日记贵在坚持，只要始终如一地坚持下去，你的书面表达能力必然会有显著提高。

◆根据不同公文的类别来合理设计内容

在工作中，我们要按不同公文的体例要求来编辑内容，做到有的放矢，从而更便于领导的阅读。

CHAPTER

第五章

细节功夫你做够了吗——汇报工作时不可忽视的礼仪

现今，职场的竞争不仅是实力的较量，也是个人职场礼仪、职业形象的比拼。实践证明，好的形象对个人的工作和社交都起着至关重要重要的作用，在工作汇报中亦是如此。

守时是对领导最起码的尊重

总经理："你今天怎么又迟到了？"

秘书就解释说："我的表不准。"

总经理严肃地说："或者是你换一只表，或者是我换一个秘书！"

在人际交往中，守时是双方交往时对彼此的的认同，更是双方之间信誉、道义建立的基础。

德国哲学家康德是一个十分守时的人。1779年，他想要去一个小镇拜访他的一位老朋友威廉·彼特斯先生。于是，他写了信给威廉，说自己将会在3月5日上午11点钟之前到达那里，威廉回信表示热烈的欢迎。

康德3月4日就到达了朋友所在的小镇，为了能够在约定的时间到达威廉先生那里，他第二天一早就租了一辆马车赶往威廉先生的家——一个离小镇十几英里远的农场里。而小镇和农场之间，隔着一条河。当马车来到河边时，车夫停了下来，对车上的康德说："先生，对不起，我们过不了河了，桥坏了。"康德看看从中间断裂的桥，他知道确实不能走了。康德看看时间，已经10点多了，他焦急地问："附近还有没有别的桥？"车夫说："先生、，在上游的地方还有一座桥，离这里大概有6英里。"康德问："如果我们从那座桥上过去，以平常的速度多长时间能够到达农场?""最快也得40分钟。"车夫回答。这样一算康德先生就赶不上约好的时间了。

于是，他跑到附近的一座破旧的农舍旁边，问农舍的主人是否愿意出售这间小屋，“给200法郎吧！”农舍的主人回答道。康德付了钱，然后说：“如果您能马上从小屋上拆下几根长木板，20分钟内把桥修好，我将把小屋赠送给您。”

农舍的主人把自己的两个儿子叫来，及时修好了那座桥。马车快速地过了桥，10点50分赶到了农场。在门口迎候的彼特斯高兴地说：“亲爱的朋友，您真准时！”

守时是一种美德。懂得珍惜时间的人，不仅仅要注意不浪费自己的时间，也要时时注意不能够白白浪费别人的时间。

而在职场中不难发现，经常有迟到、早退、不能按时完成工作任务的人，这种人往往很难获得别人的认同和好感。同样，下属在向领导做工作汇报时，也应遵守约定的时间。如果确实需要改变时间，应提前告知，并另约时间。

一位刚毕业的年轻人，在试用期考核合格后，人力资源部通知他，公司总经理要与他进行面谈，约定的时间是第二天上午10点。第二天，这位年轻人在上午10:10分到达总经理办公室，此时总经理已经外出了。一天后，年轻人再次来到总经理办公室，总经理见到他后，问他为何上次不准时来，年轻人回答说：“总经理，昨天我是10:10分到的。”总经理立刻提醒他：“我约你在10点来的！”年轻人支吾地回答：“只差十分钟，应该没有什么太大的关系吧！”总经理严肃地说：“能否准时是有大关系的，就在那天你失掉了你想得到的位置。而且你不应该看轻任何人的十分钟时间的价值，而劳累他人在这时间中等候你。”

守时，会给领导留下好印象。守时是赢得领导好印象的第一法，也是一个人最基本的素质。领导对我们的工作满意，不仅仅是因为他做的好，最重要的是下属是可信的，而守时是用行动来证明自己的可信度的最好方法之一。

不准时赴约，让别人等，这不是一个好习惯。这样做不仅无法赢得别人的尊重和肯定，还可能会令你失去很多机会！

称呼要恰当，切莫无心之失伤了领导

实践证明，恰当的称呼能使沟通得以顺利进行，不恰当的称呼则会让对方不愉快，造成沟通障碍。

称呼指的是人们在日常交往应酬之中所采用的彼此之间的称谓语。在人际交往中，选择正确、适当的称呼，反映着自己对对方的尊敬程度。

选择称呼要合乎常规，要照顾被称呼者的个人习惯，入乡随俗。在职场中，人们在各自的岗位上履行职责，遵守着岗位职责和工作规范。因此，工作中的称呼要做到庄重、正式、规范。

乔伊毕业后进入到一家生产制造企业做会计，初入职场时表现得很谦虚，因此，她对公司的领导一律称呼为“老师”。刚开始，大家都还热情地回应她，可时间一长，大家还听她这么称呼，都感觉有点别扭。

一次，乔伊拿着做好的财务报表来到部门经理的办公室，她见到经理后，仍同往常一样，开口说道：“老师，这是我做好的财务报表，请您审阅。”财务经理将她交过来的财务报表放在桌上，一脸严肃地对她说道：“报表的事情一会儿再说，我们先谈谈另外一件事。是这样的，乔伊，你现在工作了，你需要意识到，在这里和在学校里是不一样的。在这，更多的是一种工作关系，所以，你需要尽快地转变你的角色，比如，你整天一口一个‘老师’地这么叫着，似乎不太好。”

此时，乔伊才意识到自己因为称呼不当，让自己在领导的心里留下了不成熟的印象。从此，她也和其他同事一样，按照公司的通行规则来称呼他人。

人际交往离不开语言，如果把交际语言比喻成浩浩荡荡的大军，那么称呼语便是这支大军的先锋官，通常情况下，我们都是先打招呼再说话的。然而仅仅有称呼也不行，还要看你的称呼是否合适，因为人们对称呼的恰当与否，一般来说都很敏感。尤其是初交者，它在一定程度上影响着你这次交际的成败。可见称呼语的使用是很重要的。那么，到底在交往中派出什么样的“先锋官”才恰到好处呢？

◆职务性称呼

以沟通对象的职务相称，以示身份有别、敬意有加，这是一种最常见的称呼。职务性的称呼大体有三种情况：一是仅仅称呼其职务。如“局长”、“经理”等；二是在职务前加上其姓氏。如“赵局长”、“王经理”等；三是称呼前加上其姓名，如“赵铭局长”、“王华经理”等。

有三种情况：称职务、在职务前加上姓氏、在职务前加上姓名（适用于极其正式的场合）

◆职称性称呼

一般来说有三种称呼方式：一是仅用职称称呼。如“教授”、“工程师”、“研究员”等；二是在职称前加上其姓氏。如“李教授”、“王工程师”、“沈研究员”等；三是在其职称前加上其姓名的称呼。

◆行业性称呼

在工作中，有时可按行业进行称呼。对于从事某些特定行业的人，可直接称呼对方的职业，如（老师、医生、会计、律师等），也可以在职业前加上姓氏、姓名如“刘老师”，“何医生”等。

◆性别性称呼

对于从事商界、服务性行业的人，一般约定俗成地按性别的不同分别称呼

“小姐”、“女士”或“先生”。

◆**姓名性称呼**

在工作岗位上称呼姓名，一般限于同事、熟人之间。

称呼也并不是固定和绝对的，而且不同的公司，由于企业文化的不同，对待领导的称呼也各有差异，我们需要根据实际来灵活把握。关于在职场中如何选择适合的称谓来称呼领导，下文提供了两点建议。

◆**按职位称呼比较保险**

采取这种方式来称呼领导，既可以显示出你对他的尊重，也不容易出现大的错误。

◆**看清场合再称呼**

受企业文化或周围环境的影响，平日里，为了使上下级的关系更亲近，称呼显得很随意，如“老大”“张工”等，领导对这种的称呼已经默许。但是要注意场合，尤其是在一些十分正式的场合下，建议还是采用更为正式、庄重的称呼。

礼貌用语用得好，也是尊重领导

话说很早以前，有位士兵骑马赶路，至黄昏时还找不到客栈，突然，他看见前面来了位老人便高喊道：“喂，老头儿，这儿离最近的离客栈还有多远？”老人回答：“五里！”士兵头也不回地便驾马而去，一下子策马飞奔十多里，仍不见人烟。

“五里、五里，”他猛地醒悟过来，“五里”不是“无礼”的谐音吗？于是他掉转马头赶回来亲热地叫了一声：“老大爷”。话没说完，老农说：“你已经错过路头，如不嫌弃，可到我家一住。”

“少了一个礼，多走二十里。”这句俗语形象地说明了问路礼仪的重要性。这样的事例有很多，记得几年前做人力资源工作时，行政部新进的一位员工向我反映，说公司员工不配合他的工作。后来经过我的调查了解，其实事情很简单，原来行政部的这位新人不喜欢称呼人，经常喊别人姓名或者干脆“喂喂”的，难怪一些同事都不愿意配合他的工作。

俗话说，礼多人不怪。的确，在与人沟通的过程中，若能恰当地运用礼貌语言，就会让人感到“良言一句三冬暖”，使人与人之间的感情很快地融洽起来。例如：您好、谢谢、请、对不起、别客气、再见、请多关照等等。

语言是人们用来传达信息的工具，也是人们参与社会活动的主要方式，更是人际交往的桥梁。语言内容和表达方式能够反映出一个人道德、文化等各方面的修养。在包括工作在内的各种社会活动中，礼貌用语是很重要的礼仪形式，也是展示一个人品格的“橱窗”。

在职场中，要学会与领导相处的艺术，首先就要懂得与领导相处的礼仪，其中就包括说话的礼仪。

威尔曾经就因这方面的失误而受到过领导的训斥，那是他刚踏出校门在一家贸易公司工作期间发生的事情。

一天，部门领导回到办公室时，情绪不太高。估计是同客户的合作协议没谈成。威尔当时虽然也在忙，但是为了安抚领导，就简单地说了一句：“辛苦了！”他原本是一番好意，可让威尔没有想到的是，领导很生气地对他说道：“什么叫辛苦了！你干脆来拍拍我的肩膀，对我说‘干得不错’好了！你以为你是谁啊？”威尔挨了一顿训，觉得自己很委屈。

后来威尔才明白，“辛苦了”是上司对下属或前辈对晚辈才能用的慰问语，自己明明是刚刚大学毕业的职场新人，却这样对领导说话，难怪满肚子气的领导听了之后会更生气。

如果部属对领导说“辛苦了”，大多数领导都会不高兴的，即使有些领导不会表现出来，也会在心里想：我辛苦了，那你这个做下属的干吗去了？

那么到底该怎么说才恰当呢？很简单，只要多加一个“您”字，整个句子的语气听起来就完全不同了。虽然“辛苦了”和“您辛苦了”这两个句子意思完全相同，但是传达出来的意义和语气却是截然不同的。因为它显示出了你对领导的尊重。

在工作中，与领导交流，要做到以礼相待，多用礼貌用语进行交谈，让领导感受到你良好的素质和对他的尊重，这样无疑能增强沟通的效果。反之，若缺之必要的礼貌，则会让领导觉得你素质有待提高，这样，又怎能获得领导对你的赏识呢？

无论是在生活还是工作中，我们都要要努力养成使敬语的习惯，这样，说话办事时几个经常性的敬语会让对方感觉跟你说话很舒服，自然愿意与你交谈。

使用礼貌用语，这是你与领导沟通时要做好的首要工作，因为在一种谦虚、友好的良好氛围下，能促进双方更坦诚的交流。

下面是利用礼貌用语帮助你提升在领导心中形象的5条极为实用的经验。

第一条，主动向领导问好。作为下属，遇到领导，主动向领导问好会让人觉得你是一个有礼貌的人。需要说明的一点是，当在公众场合遇见领导，别表现出特别的热情，只需礼貌地说一声“您好！”就可以了。尤其注意不要嘘寒问暖地跟领导唠唠叨叨说个没完。

第二条，不管在公司内外，只要领导在场，离开时一定要跟领导打一声招呼，如说一些“对不起，我先走一步了”、“再见”之类的话语。

第三条，当领导坐着时，你从领导身前经过，一定要说“不好意思”或者“对不起”来表示一下你的歉意。

第四条，如果领导受邀并参加了你的派对或你举办的活动，一定要当面致谢，并送个小纪念品以示谢意，哪怕是一张纪念卡。

第五条，当领导派发红包时，无论多少都要立即向上司表示感谢。

带上纸笔，认真做好记录

在工作中，我们一直提倡要提高工作效率，那么，作为一名员工，随身携带什么更高效？这个问题的答案会有很多。

销售人员大概会觉得带上名片最重要；重视时间的人觉得应该带上手表；财务工作者也许会觉得没什么比计算器更重要。

事实上，无论你从事的工作内容是什么，都至少应该随身携带纸和笔。这两样东西可以在任何情境下发挥作用，让工作变得快捷又高效，尤其是在向领导做工作汇报时，它不仅会让你工作起来更为便捷，还为提升你在领导心中的形象。

看到这里，有些员工可能会说，我记性好，不用纸笔我也能记住对方所说的内容。俗话说，好记性不如烂笔头，古今中外有许许多多的名人都有做笔记的习惯。

儒勒·凡尔纳是著名的法国科学幻想小说作家。他一生的作品，单小说就有104部。当时，人们传说有一个“写作公司”在为他工作，不然一个人怎么能写出这么多的作品呢？

有一天记者来访，执意要揭开“写作公司”的秘密。凡尔纳微笑着把客人领进自己的工作室，指着一排排柜子对他说：“该公司的全部工作人员都在这些柜子里，请你参观一下吧！”记者狐疑地打开一个柜子，只见里面分门别类放满

了卡片，卡片上密密麻麻地记着各种资料。

人们在接受信息时，记笔记的效果要比单纯倾听的效果好。人们常说“好记性不如烂笔头”，工作中养成做记录的习惯，把该记住的、关键性的东西记下来，不仅可以加深记忆，还可以作为汇报工作的素材。

工作汇报时带上纸笔，除了能便于我们记录外，还能显示出你的职业素养。因为带上纸笔见领导应该可以算得上是一项基本的礼仪。

亚莉参加工作有近十年的时间，可她现在仍清晰地记得她刚进入职场时，领导对她说的一句话：“请带好纸笔再进领导的办公室。”

那时，她刚大学毕业不久，进入到一家公司做文员。一次，部门经理来到办公大厅，让亚莉去她办公室一趟。听到领导的吩咐，亚莉随后便来到经理办公室，敲门进入。就在她关上门的一霎那，经理说道：“谁让你这样进来的？”亚莉听后一脸茫然，支支吾吾地说道：“不是您刚才叫我吗？”经理接着说道：“我是叫你来办公室一趟，但没叫你这样进来，请带好纸笔再来办公室。”于是，她转身回到自己的工位上，拿好了纸笔，再次来到了经理办公室。

在工作中，随身带上纸笔，对领导或他人的谈话内容做好相应的记录，除了能有助于你工作的开展外，还能博得他人对你的好感！

汇报能说、有料还不够，时间控制也重要

在现代企业的运作模式下，要求任何一名合格的职场人士都必须具备一定的沟通能力，也就是清晰、准确表达自己的能力。试想，如果你有一个很好的想法，但你因为不善于表达而选择沉默，这样你就失去了为自己加分的机会。再比如，你是一个部门领导，明明你部门的工作做得很好，可是你不善于总结，因此在和其他部门主管一起汇报工作时，显得你部门的工作做得最少，功劳也最小，那么，你的“不言”害的就不仅是你个人，还连累了整个部门。由此可见，在现代职场，该到你说的时候，一定要敢于说。当然，为了能说得好，说得“有料”，平时就要多下工夫了。

在向领导做汇报工作时，除了要“会说”并同时做到“内容有料”外，还要控制好汇报的时间。对此，有如下两个问题需要引起我们的注意。

◆内容要有条理

不可东一句西一句，想到哪就说到哪，没有系统性，这样的工作汇报，似乎很难起到应有的效果。

◆语言简明

用简明的语言重点阐述工作所取得的成绩、存在问题与解决对策，而不是一味地提问题。

主管：“总经理，您出差回来了。正好我向您汇报一下近期的工作。”

总经理："好的，请说。"

主管："主要有这么几件事，第一，是公司人员的离职情况。最近公司员工流动较为频繁，生产部离职10人、仓储部有2人离职……第二，关于员工的绩效考核，上个阶段的员工考核工作已经结束了，考核结果汇总表给您，有空时您看看。另外，我发现公司员工对绩效考核存在很大的抵触情绪……第三，是关于员工培训的问题，从培训效果评估来看，培训的效果似乎不太理想……"

听完主管说完这么一番话，时间已过去了将近半小时。总经理耐心地听完了他的说话，并问道："那么，我想问你三个问题：第一，是什么原因使得员工的离职率偏高？第二，员工对公司的绩效考核存在不满，主要表现在哪些方面？第三，为什么培训效果不佳？另外，针对上述问题，你有什么好的建议吗？"

"您所提及的这些问题，我还没来得及与各部门负责人沟通，所以暂时还未想到好的解决办法。"主管惭愧地回答道。

在多数情况下，领导有很多事情还需要处理，所以，你需要合理地控制汇报的时间，在有限的时间内将所要表达的内容阐述完毕。要做到这一点，你至少需要做好如下四个方面的工作：

首先，向领导汇报工作之前，应将准备汇报的工作仔细梳理一下，明确汇报的主要内容。

其次，列出大纲，用精练的语言概括事情的来龙去脉，让领导在最短的时间内知晓前因后果和轻重缓急，使其对汇报的事宜有一个大致了解。

再次，简明扼要地向领导汇报完主要内容后，要向领导进一步汇报需要注意的关键环节和具体细节，如完成时限、具体标准等。

另外，汇报结束时最好作个小结，重复一下要点。

想让领导厌恶你吗？请随意打断他的发言

一个周五的下午，公司召开例行会议，领导在上面有条不紊地讲着话，不经意间提到了一家公司的名字。博比一听来了精神，当机打断了领导的讲话，开始大发己见。

原来领导谈到的那家公司，博比曾与他们有过工作上的往来。他对那家公司的概况简要地介绍了一番，并且还说了自己对该公司的看法。领导在上面皱着眉头、不耐烦地听着，底下员工都知趣地一声不吭。好不容易他说完了，领导看了看表，生气地说："你说完了？那我接着说。"

现实生活中总有那么一些人，他们喜欢打断别人的话，滔滔不绝地发表自己并不成熟的见解，却无法静下心来听别人说话。结果往往在不经意之间就破坏了自己的人际关系。

黛比是个性格开朗的女孩，闲暇之余她总喜欢找人聊天，可是她身边的朋友却很少，刚到了一个新的工作岗位，谦虚热情的黛比很快就得到了大家的喜欢，可是渐渐的大家都发现了她的问题，并开始疏远她。

原来，黛比在和别人聊天时，总是喜欢打断别人的说话，如一旦别人说的内容她不赞同时，她立马会插嘴，如："我看的书不是这样讲的……"直到最后一直都是她在滔滔不绝地讲话，后来大家都发现了她的这一特点，因此都不愿意

再和她聊天了。

培根曾说：“打断别人，乱插话的人，甚至比发言冗长者更令人生厌。”打断别人说话是一种无礼的行为。而要在与人交际时获得好人缘，要想让别人喜欢你、接纳你，就必须要去除随便打断别人说话的陋习。

不可否认，领导在说一些事情时也可能会出现一些错误，即便如此，你也不要为了鸡毛蒜皮的小事情来打断领导的谈话，更不要不分时机与场合地指出其中存在的问题。更进一步说，若真是存在较大的错误，你仍然要坚持以礼相待。如，可以采取暗示的方式，或者直言说明，但得注意说话的技巧。

人们都有自我表现意识，即使你的说法正确，或者对方的观点你不认同，你都不要轻易地去打断别人的谈话。要知道倾听是沟通的第一步，不轻易打断别人的话是倾听的基本法则。做一个好的倾听者也是对别人的一种尊重。

林克莱特是美国的一位知名主持人。有一次，他访问一名小朋友，问他说：“你长大后想做什么呀？”小朋友天真地回答说：“我要当飞机的驾驶员！”林克莱特接着问：“如果有一天，你的飞机飞到太平洋上空，所有引擎都熄火了，你会怎么办？”小朋友想了想：“我会先告诉坐在飞机上的人绑好安全带，然后我挂上我的降落伞跳出去。”当在场的观众笑得东倒西歪时，林克莱特看到孩子的两行热泪夺眶而出，林克莱特问他说：“为什么你要这么做？”小孩的答案透露了他真挚的想法：“我要去拿燃料，我还要回来！”

智者总是安静地听别人把要说的话说完。学会倾听对于我们任何一个人都很重要，出于对别人的尊重，就不要随意打断他人的说话，尤其是在领导讲话的时候。

汇报时灵魂不要出窍，做一个好的倾听者

在与领导沟通的过程中，除了正确简洁地表达自已的观点外，更重要的是要学会多听。听，不是敷衍，而是发自内心的领会，一个好的倾听者是迈向沟通成功的第一步。

艾莎克·马科森曾采访过多众多著名人物，他说：“那些没能给人留下好印象的人，是因为他们不善于倾听对方讲话，他们总是津津有味地说着，完全不注意听别人要讲些什么。很多知名人士都是只推崇那些懂得倾听的人，而不是推崇只知道说的人。然而，人们听的能力总是弱于其他能力。”其实，不只是著名的人，大多数人都喜欢那些注意倾听他讲话的人。

乔·吉拉德被誉为当今世界最伟大的推销员，有一件事曾令他印象深刻。

在一次推销中，乔·吉拉德与客户洽谈顺利，正当马上就要签约成交时，对方却突然变了卦。当天晚上，按照客户留下的地址，乔·吉拉德登门求教。客户见他满脸真诚，就实话实说：“你的失败是由于你没有自始至终听我讲的话。就在我准备签约前，我提到我的独生子即将上大学，而且还提到他的运动成绩和他将来的抱负。我是以他为荣的，但是你当时却没有任何反应，而且还转过头去用手机和别人通电话，我一生气就改变主意了！”

这番话重重提醒了乔·吉拉德，使他领悟到了“听”的重要性，让他认识

到如果不能自始至终倾听对方讲话的内容，认同客户的心理感受，难免会失去自己的客户。

无论是作为一个优秀的领导者，还是作为一名优秀的员工，绝对不可忽视倾听的力量。而那些杰出的成功人士，大多都是一个好的倾听者。

松下幸之助是个急性子，但和员工在一起时，不管员工如何啰嗦，他都会非常耐心地倾听。

因为松下善于倾听，使得公司里很多棘手的问题在倾听的过程中总会出现意想不到的解决方案。所以，每当产品出现问题时，他都会亲自下到生产一线，而不是在会议室和管理层讨论解决的方案。

学会倾听是非常重要的，倾听不仅是一种交往艺术，更是一种美德。倾听时，你最好看起来是在专心地听，而且要让人家看得见。

在人际交往中，善于倾听别人讲话是一种高雅的素养。因为认真倾听别人讲话，表现了对说话者的尊重，人们也往往会把忠实的听众视作可以信赖的知己。

内战时期，林肯给一位老朋友写信，请他到华盛顿来。

他的朋友来到白宫。林肯同他谈了几个小时关于解放奴隶的合理性。林肯分析了所有反对和支持这一提案的论据，然后谈了几封信和报纸摘要。林肯说完后，握了握老朋友的手，祝他晚安，把他送回伊利诺斯州，根本没问他的意见。

“谈话之后他似乎稍感安适”。这位老朋友说，林肯没有要求得到建议，他只要一位友善的倾听者。

洛克菲勒曾曾说过：“当你单纯地聆听其他人说话时，就卸下了你的防卫，也会因此得到更多。”是的，善于倾听的人，别人欢迎，自己长智。那么，如何才能做到有效倾听呢？下文给出了五条建议。

◆**保持目光接触**

当你说话时对方却不看你，你的感觉如何？大多数人将其解释为冷漠或不感兴趣。虽然你只是用耳朵在倾听，但是别人可以通过观察你的眼睛来判断你是否真的在听。

◆**要适时地点头表示赞许，还要配合恰当的面部表情**

有效倾听的倾听者会对所听到的信息表现出兴趣。通过一些非语言的信号，表示同意的点头、恰当的面部表情，与积极的目光接触相配合，都可以让说话的人知道你在认真地倾听。

西多尼·希尔雷克是纽约州立大学的心理学家，他曾做过一个相关的实验。

第一步，随机选取实验对象，并将其分为男女混合的三组。

第二步，在规定时间内以固定小组的形式进行对话。

第三步，对话结束后，调查同组成员相互之间的印象。

结果显示：在对话时，给予对方肯定的倾听者得到了较高的评价；而那些使用“可是”“尽管如此”“但是”“真的吗”等语言的人，则因对对方持有否定怀疑的态度而得到较低的评价。

◆**不要做出分心的举动和手势**

尽量避免做出让人感觉你的思想在游走的举动，这样说话者就知道你确实是在认真地倾听。在倾听时，不要进行下面举动：一直看表，心不在焉地乱翻书籍，随手拿笔乱写乱画，这些举动这表明了你并没有集中注意力。

◆**有效重复**

就是说用你自己的话把说话者要表达的信息重新再叙述一遍。有些人在倾听时会这样说：“您的意思是不是……？”或者“我觉得您说的是……”这样说的原因有三：一是因为有效重复是检查你是否认真倾听的最佳手段；二来复述说话者的信息，并将此信息反馈给说话者，也可以检验自己理解的准确性；三来，可以避免出现沟通障碍。在确认的过程中，倘若说者发觉听者与之确认的信息跟自己表达的存在差异，也会作进一步的解释或的阐述，以确保听者真正精确地理解，进而保证双方沟通的有效性，避免造成因误解意图而出现沟通不畅的现象。

◆不要在倾听中途打断说话者

在你表达自己的意见和态度之前，先听完说话者的想法。在别人说话时不要试图去猜测别人的意思，你可以等到他讲完后，再发表意见。

能力很强却受冷遇？你伤在了行为举止上

职场中，很多员工认为，只要做好自己的本职工作就行了，却忽略了自己一些不当的行为举止。结果，不受领导和同事的喜欢。

行为举止是受思想支配而表现在外面的活动，主要包括人的动作与姿态，是人们内心情感的自然流露，是别人了解我们的一面镜子。我们常说“细节决定成败”，的确，在与客户洽谈的过程中，销售人员一个小小的不良动作，或一句不适当的话语，都可能破坏交易的达成。反之，有时一个举止得体的动作也能赢得他人的好感。

一家知名的企业需要招聘一名行政助理，闻讯前来应招的将近百人。然而，总经理走马观花面对前来的应聘者，每出去一人，他总朝人力资源部经理摇摇头。

接下来的一位应聘者是一个貌不惊人但衣着整洁的男孩，他来到到总经理的办公室门前，礼貌地敲了三下门，待里面传出“进来”时他才轻轻推开门，尔后进门后随手关上门。突然他发现办公室的一角有本书，很自然地拾起放到办公桌上。随后，很恭敬地用双手将自己的简历递给了两位面试官。在听到面试官说了声“请坐”后，他很端正地坐在了面试官对面的一把椅子上。接下来进入到了面试考核的正式环节。

当这位男孩走出办公室，总经理微笑着冲人力资源经理点头说：“我觉得他就是合适的人选。第一，他的专业素养深厚；第二，他的言谈举止很得体，他

轻敲三声门，说明他懂礼节；第三，他捡起放在地上的书，说明他注重细节；第四，他和我近距离交流，他的回答干脆果断。”

在职场中，有些时候，我们不是输在能力上，而是自己的言行举止上。

俗话说，站有站姿坐有坐姿，这是对一个人行为举止的最基本的要求。走路时左摇右晃，站立时东倒西歪，说话时哈欠连天……这些不仅暴露了你的弱点也会引起对方的反感。在工作汇报时，这些职场礼仪也要引起我们的高度重视。

贝茜是一家公司的采购员，平时工作的时候经常会自觉不自觉地摇头晃脑。了解她的人知道这是她有自信、胸有成竹的表现，不了解她的人则会认为她有些怪异。虽说有好友曾提醒过她，让她改掉这一点，可她没当回事。不过，这次的事给她了一个教训。

事情是这样的。贝茜前一段时间刚换了一家单位，仍然是从事采购工作。前几天，公司让她采购一批物资，经过一番了解，贝茜发现这种物资不仅成本高，而且存量少，生产速度慢，很容易出现供应不上的情形，于是她的工作陷入僵局。

经过一段时间坚持不懈的努力之后，贝茜终于解决了供货的问题——她同时签约了三家厂商，并且以既统一又低廉的价格成交了。于是，她兴冲冲地去向经理汇报这件事。来到经理办公室，她将工作的完成情况向经理作了简要地说明，但她仍保持着那个习惯的地讲话动作。

后来，因业务的需要，公司派人与外部合作单位进行一次商务谈判，虽然公司领导都认为贝茜的能力很强，但职场礼仪方面有所欠缺，故未让她参与到此次谈判活动中。

从某种程度上来说，不懂礼仪将成职场绊脚石。贝茜的例子就是很好的证明。

一般来说，下属在向领导汇报工作时，在行动举止方面，至少要做到如下三点。

第一点，身体姿态要庄重、优雅。站着汇报时，应该身体直立，说话时，不可手舞足蹈或在领导面前走来走去。

第二点，如果上级请你入座汇报，才可以坐着汇报工作，还要表示感谢。

第三点，在递送资料、文件时，要正面朝向上级，双手恭敬地递送，以便对方观看。

遇事多请教，甘愿充当领导的“小学生”

在一次工商界聚会中，几位老板谈起自己的经营心得，其中一位老板说他新雇的一名员工技术高超、不可或缺，但却有一个很令他头疼的问题：这名员工原先在一家大公司工作，在他所负责的技术领域有足够的权限，能自行决定订货、客户服务、报价、结账等事宜，而现在我们公司只需要他负责技术工作，他却总是忍不住擅自替部门经理做主，于是惹出了不少的问题。部门经理为此批评他，他为自己辩解道说我只想把事情做好。这些事他以前都做过，做起来会更快，根本用不着像现在这样繁琐。

这样的情形在职场中并不少见。诚然，在工作中，我们倡导积极主动，但是，通常情况下，积极主动并不代表你可以超出职责的权限而自作主张。

黛西是在一家杂志社做编辑，前段时间这家杂志社给当地的一位作家做了一期专访，后期的内容编辑、杂志出版等事宜便是由她负责完成的。

这期杂志出来以后，这个作家收到了一本样书，他想多要几本送给朋友，于是他便联系到了黛西。按照单位的规定，这种问题应由主编来决定，可黛西觉得这件事情不算什么大事，于是她擅自做主，对这位作者说道：“这个啊，没问题！您直接派人过来取就可以了。”

当这位作者来到杂志社时，迎面碰到了杂志社的主编。这位作者告知主编他来这儿的目的，主编听后说道：“不好意思，刚才我不在。我刚才派人给您多送了几本过去。”停了一下，主编又说：“可是，对不起，我想可以知道是哪位员工告知您来取杂志的吗？”作家很奇怪，问道：“有问题吗？”“当然没问题，您再多要几本都可以。我只是想知道，是谁自作主张。”主编回答道。

事情的结果可想而知，自作主张的黛西免不了受到主编的一番责备，她在主编心目中的印象也肯定会大打折扣。

同样的情境，换种做法，其效果则会大不一样。

黛西接到作者的电话后这样答复对方：“不好意思，我不能确定目前还有没有库存，我去问一下主编后，立马给您回复。”

很显然，这样的答复就很巧妙：一来既维护了与合作者的关系；二来将决定权交给了主编，体现出对领导的尊重。

作为一个下属，不管你职位多高，你都不能忘记一点：你的工作是协助上司完成经营决策，而不是制定决策。因此，无论我们对自己的判断力多么有信心，也不管你代替上司决定的事情有多细微，都不能忽略这样一个环节，即在具体实施之前，你须征得上司同意。而要做到这一点这就需要你及时和领导沟通，做到多请示，早汇报。

迈克是一家豆制品公司的销售主管，工作的这几年间，他总是积极地想办法解决工作中的各项问题，并且也没有什么大的工作失误。可是，销售经理丹尼对他对的评价却不是很高。

经过一番思考，迈克决定改变工作方式。他除了继续做好市场调查工作外，还将自己下阶段的工作计划以书面报告的方式呈交给部门经理丹尼，事后，他还会当面与丹尼经理沟通，诚恳地征求他的意见，并根据他的意见再对已形成

的工作方案进行完善。

就这样进行了一年后，迈克发现，不但工作业绩有了较大的提升，而且他和部门经理的关系也变得更融洽了。另外，在年度的评语上，丹尼对他的工作做出了高度的评价。

聪明的下属善于在关键处多向领导请示，征求他的意见和看法，把领导的意志融入正专注的事情中，进而获得颇为丰厚的回报。

CHAPTER

第六章

领导不满意时，你是如何应对的——正确对待领导的批评

现今，职场的竞争不仅是实力的较量，也是个人职场礼仪、职业形象的比拼。实践证明，好的形象对个人的工作和社交都起着至关重要重要的作用，在工作汇报中亦是如此。

消极苦闷？领导的鞭策是给你的成长机会

在向领导汇报工作时，因自身工作做得不到位而受到领导的批评是很常见的一种状态。试想，如果受到批评，你将会是何种反应呢？

哲人詹姆斯曾说过：“人内心深处最殷切的渴望，就是得到肯定与赞美。”因而，被人批评，大多人的反应是不悦、抱怨，更有甚者，一旦受到批评后，对待工作也是一种很消极的态度。我们说这种心态是很不可取的。

作为职场中人，我们应该意识到，自己与公司的利益是一体的。所以，作为下属，要正确认识和学会承受领导的批评，树立这样一种思想：上级把任务交给自己，就是对自己的一种信任，是一次锻炼成长的机会。倘若因工作没有达到预期的标准而受到领导的批评，那是对自己的鞭策。

进入联想后，由于工作出色，杨元庆很受柳传志器重。

面对工作上的成就和领导的支持，杨元庆虽谈不上很骄傲，但难免有些自以为是。结果导致他与其他一些领导之间矛盾加剧，而他还并没有觉察到。

于是，有一次，柳传志在大庭广众之下狠狠批评了他一通。

这可是从来没有过的，杨元庆很受不了。晚上回家后，他准备写辞职信。

但最初的冲动过后，他冷静下来，认真反思了自己。最后他终于想通了，觉出柳传志对自己的批评是对的，这不仅是为单位负责，也是为自己负责。于是，他撕掉了辞职书，写了一封检讨书。

在以后的工作过程中，杨元庆开始对自己提出了更高的要求，并最终成为了联想的董事长。

批评本身是一种帮助，是关心自己成长进步的表现，千万不能把领导的批评当成是和自己过不去，从而便与领导产生对立的情绪。

IBM前CEO路易斯·郭士纳曾说过："公司的发展是员工们的辛苦努力才得到的结果，就像一艘大船，如果没有水手，再大的船也不会航行很远。"由于双方有着这一共同的基础，作为企业中的一员，在行动上，我们则应积极支持领导的工作，促进企业目标的实现。

马丁和保罗同在一家公司工作，两人关系不错。一天下班后，马丁很气愤地对保罗说："哼，今天上午经理将我叫到办公室，询问我负责的那个项目的进展情况，我自认为是超额完成了，但他却不依不饶，就因为一点小事把我狠批一顿，至于吗！我明天就向公司递交我的辞职报告，我讨厌这个公司！"

保罗听了后说道："我非常赞成你的决定！不过你现在离开，还不是最好的时机。"

马丁很奇怪地问道："为什么？"

保罗说："如果你现在走，公司的损失并不大。但是，如果你趁着在这家公司工作的期间，拼命去为自己拉一些客户，成为公司独挡一面的人物时，到时你再开公司，公司才会遭受到重大的损失，这就会使它非常被动，主动权就掌握在你的手中了！"

马丁觉得保罗说得非常在理，于是就努力工作。事如所愿，半年多的努力工作后，马丁果然为公司开发了一批新的客户。

一天，两人再次谈论起这事。保罗说："现在是时机了，要跳槽就赶紧行动吧！"马丁淡然笑道："老总跟我谈过了，准备升我做总经理助理，我这回不想走了。"而让马丁留下也是保罗的初衷。

更进一步说，在职场中可以这样说，你与自己的上司是一根绳上的蚂蚱，你们要想成功就得同舟共济。那么怎样保证你们的关系富有成效并使你们双方都获益呢？其中很重要的一点在于你得以平和的心态来对待领导的批评。

一蹶不振？越挫越有力，挨骂是进步的原动力

俗话说："人无完人，金无足赤。"每个人在工作中难免会有失误，这也就为你在汇报工作的过程中受到领导的批评埋下了伏笔，此时你或许会觉得委屈，但不应该破罐子破摔，而是应该感激愿意指责我们的人，其原因有二：一则是因为他们使我们看到自己的不足；二则是因为你是"马"所以才"打"你。因而，对待领导的批评我们应该虚心接受，做到有则改之，无则加勉。

日本著名企业家松下幸之助曾说过："挨骂是进步的原动力。"就是抱着这种想法，他的下属们不知道多少次被愤怒的松下骂得"狗血淋头"。每当他的员工做错事情的时候，最害怕见到的人就是松下幸之助。这也是松下的一种激励方式，通过此举，使得松下公司内部保持着旺盛的活力。让我们再来看一则事例。

斯蒂文·布朗年轻时曾在一家叫巴特勒的房地产公司做过一段时间的销售。该公司要求，员工每天必须联系一处准备出售的房产，并将其登记入册。

半个月的时间过去了，斯蒂文·布朗向公司经理汇报了其工作业绩。当公司的经理得知他在过去的半个月中才联系到两处房产时，很生气地对他说道："真是让人不能理解，我想我要是雇个傻子，在他背上挂一块牌子，上面写着'巴勒特房地产公司登记贵府地产售价'，让一个小男孩领着他走街串巷，那个傻子也能在这16天内将两处房地产的售价带回来登记。"

年轻气盛的布朗听闻此言后，愤然离开办公室。经过一天的奔波，他在下班之前赶回来经理办公室，将记录有两处房产代售信息的表格放在了他的办公桌上。离开时，只听见经理说了句：“明天最好再能联系两处。”

一段时间之后，布朗的销售业绩越来越好，而他也明白了，这是经理对他这个血气方刚的小伙子使用的一套激将法。

这就是批评的力量。批评有时是动力，激发人向上的欲望；有时是转折，指引人走向另一个成功的巅峰。

那些事业成功的人，都是虚心接受别人批评并及时改正不足的人。

其实，挨骂本身就是一种沟通方式，一个获得进步的机会。当我们这样看待挨骂时，那么，你就离成功不远了。

嗤之以鼻？接受他人的批评便拥有了成功的翅膀

在企业中，沟通是必不可少的。而当你在与领导就工作事宜进行沟通的过程中，不可能听到的都是正面的评价，负面的声音肯定也是存在的。

富兰克林曾说过："批评者是我们的益友，因为他点出我们的缺点。"在工作中，你需要明白，领导对我们的批评是对我们做事的建议，并非是针对你自身。另外善意的批评可以让我们知道自己存在着哪些不足和缺点，以便能逐步弥补和改掉它们，去完善自己。

三洋电器公司副总经理后藤清一曾在松下电器工作过一段时间。期间，曾发生过这样一件事情。一天，松下安排后藤等人加班赶任务。由于工作很紧张，这几个加班的员工便在中途离开了工作岗位，到球场打球稍事休息。后藤也正要出门打球，恰好碰到了赶来察看的松下。

"大家都到哪里去了，交代的那项工作是否完成了？"松下先生问道。当听到后藤说大家出去玩了且工作并未完成时，松下很生气，对他进行了严厉的责备："违反命令，抛开工作去打球，真是太不应该了……"其中有一句"后藤，怎么连你也做这种事？"更是让后藤感到羞愧不已，同时心里也在想："原来老板如此看重我！"后藤接受了批评，再三道歉，并带人加班加点地完成了工作。

由此看来，我们能在成功人士身上发现一个共同点，就是不拒绝别人的批评。因为他们深知：批评虽然不像赞美那样能让人高兴，但却可以让自己正视不足，完善自己，找到可以提升的地方，从而带领自己攀向人生的更高峰！

但无论是在生活还是工作中，我们当中很多人都缺少接受批评的勇气，面对领导的批评，不但内心不接受，而且还要找出很多借口来为自己辩护。作为职场中的一员，这种行为是非常不利于自身职业生涯的发展。

小郑凭借着出色的工作能力很快就升至销售主管一职，但他身上的不足之处也很明显，即有时过于自负，很难听取别人的意见。

有一次，他和一家广告公司就公司一款产品促销的事宜进行协商，并最终达成了一致意见，但还没有签合同。关于这次的促销计划，小郑大致向部门经理说明了一下，当部门经理对其中有关环节的可行性表示怀疑、提出异议时，小郑仍旧是一副信心满满的样子。并找出各种理由替自己辩解。合同签订后不久，果不出经理所料，问题就出在他表示异议的那个促销环节上。那家广告公司没有办法执行到位，直接影响到后续工作的开展。好在部门经理早有预料，他早已拟定好了备选方案，才致使公司没有遭受太大的损失。而小郑因为此次的失误，受到了公司的惩处。

英国哲学家罗素曾说过："从错误中吸取教训是教育中极为重要的一部分。"倘若因工作中犯错而受到领导的批评，你也应该以积极地心态来面对。具体来说，这又包括如下两个方面的内容。

◆从中吸取教训，积极改正错误

古语言："知错能改，善莫大焉。"人们不应该重复犯错误，而应该从错误中吸取教训。在不断地总结自己的失败教训的同时，使自己的能力得到不断提高，从而使自己的人生走向成功。

◆服从领导的工作安排

我们在工作中，对领导指派的任务要服从，不要有对立情绪，如果你怀着对立情绪去工作的话，你的工作肯定会做不好。因此，每一位员工都必须服从上司的安排。

以牙还牙？纵然赢得了一场战斗却失去整场战役

《当世界年纪还小的时候》一书的末页有这样一段文字：“洋葱、罗卜和西红柿，不相信世界上有南瓜这种东西。它们认为那是一种空想。南瓜不说话，默默地成长着。”这段话像一枚多味豆，值得品味，让人回味。

世间万象，事理相通。无论个人成长还是事业发展，不会总是顺风顺水，即便身正行端，有时也难免遭致猜疑和误解。遇此情形，倘若立马展开“口水战”，急于争辩，你不一定就能赢得认同和支持，相反很可能会让你失去更多。

小袁是一家生产制造公司的保卫科副科长。他工作扎实，尽心尽力，因此获得了公司上下的一致好评。

一天，他像往常一样来到公司上班，刚进办公室，便被行政部经理叫到了办公室。

“你们保卫科是干什么的，居然会有这种情况出现……”行政部经理冲着他劈头盖脸就是一顿斥责。面对经理的一同指责，小袁除了感到莫名其妙外，还满肚子的不高兴，他本以为事情就到此结束了。可没想到，行政经理又发话了，对他说道：“鉴于你也有不可推卸的责任。你当月的奖金全部扣除。”

听到这话，小袁再也忍不住了，气冲冲地说道：“第一，我根本不知道公司昨晚发生了什么事情；第二，我昨天休假了，保卫科内部的工作不是我安排

的。所以，做出这样的处分，我认为对我有失公允。”说完，便怒气冲冲地离开了经理办公室。

事后，他才搞清楚了事情的起因。原来，昨天晚上，公司用来预购一批布料的货款被盗走了，经理为此才发的火。尽管这样，责任不在自己，为什么要训斥我，还要扣掉当月奖金呢？一想到这些，小袁在以后的工作中，似乎再也没有当初的那种热情了。

后来，事情查明，是保卫科科长管理不当导致了这起事故。不久，公司对保卫科人员进行调整，可部门主管的位置也没能落到小袁的头上。

人的内心深处都希望得到肯定，因而无论是谁，若不是自己的过错却因之受到警告或批评，都会感到特别的委屈，特别的不高兴。尤其是当着别人的面受到了警告或批评时，谁都会感到自尊心受到了伤害。可是，在这种情况下，你的态度如何对你往后的人际关系有很大的影响。对上司和前辈的警告如果采取反抗的态度、破罐破摔的态度或极力为自己辩解，你与上司和前辈的人际关系的恶化将是意料之中的事。

相反，如果能老老实实地承认错误说：“给您添麻烦了”或“实在对不起”，这样上司和前辈就会认为你是个非常诚实且很有前途的人，而日后你就能受到上司和前辈的喜爱。能虚心接受批评的人，人际关系一定会很融洽。

汉代的公孙弘年轻的时候家境贫穷，后来虽然做了丞相，但生活仍然非常俭朴，每顿饭只有一个荤菜，睡觉也只盖普通的棉被。就因为这样，大臣汲黯向汉武帝参了公孙弘一本，批评他贵为丞相有十分可观的俸禄，生活却如此俭朴，实际上是在使诈以沽名钓誉，目的是为了骗取俭朴清廉的美名。

看了汲黯呈上来的奏章，汉武帝便问公孙弘：“汲黯所说的都是事实吗？”

公孙弘回答道：“他说的一点没错。满朝大臣中，他与我交情最好，也最了解我。今天他当着众人的面指责我，正切中了我的要害。我位列三公而只盖普

通棉被，生活水准也与普通百姓一样，确实是故意装清廉以沽名钓誉。如果不是汲黯对陛下忠心耿耿，您怎么会听到他对我的这种批评呢？”

汉武帝听了公孙弘的话后，反倒觉得他为人谦让，就更加尊重他了。

公孙弘面对汲黯的指责和汉武帝的询问，全都承认，一句也不辩解。因为他深知这个指责的份量，于是采取了十分高明的一招——不作任何辩解。当被别人冤枉或者误解时，不要急于辩解。很多时候以退为进，其实是一种大智慧。

人与人之间经常会产生误解，在工作中也不可避免。一旦出现此种情况，我们不妨以坦然心态地去对待矛盾或别人的误解，并能以冷静的态度积极谋求解决的办法。因为“时间是澄清误会的明镜”，相信时间会让一切都真相大白的。

逃避推脱？领导的特别关注何尝不是一次转机

工作执行过程中或汇报工作期间，员工受到上级领导批评总是在所难免，但不同员工对待上司批评的态度却大不相同。那么如果是你，你会怎样去面对即将到来的批评呢？明智的做法是自己先去主动认错。

心理学研究表明当人们看到犯了错误的人痛心疾首、懊悔自责的态度，并且竭尽全力去改正时，大都会因此而生恻隐之心，减轻对其错误的谴责和反感心理，同时还会给予热情的关注和由衷的帮助。这样一来，也许会成为你人生转折的一个契机。因此如果生气的上司看到你先知先觉地主动承认错误，往往他的气就会消了一大半，因为他会觉得你是个可造之材，起码在他的眼里你是知错想改的人。这样他在开口批评你时才会留有三分余地。

临近下班时间，劳瑞来到经理办公室。

“经理，我是销售部的劳瑞。”劳瑞向经理打过招呼后又接着说道：“对不起，经理。今天我犯了一个很严重的错误。因为我的粗心，我将两款相近的电视机给弄混淆了，以致于错将一台价值1万元的电视机电脑以7000元的价格卖给了一位顾客，现在我是专门来向您承认错误的，对此我很惭愧。另外，这3000元是我这工作积攒下来的，请您收下，作为我对公司的赔偿。如果您要辞退我，我不会有任何怨言的。”说完，将手中的信封放到了经理的办公桌上。

然而，令劳瑞没有想到的是，经理不但没有收下他的钱，而且也没有辞退

他，反而在以后对他更加器重了。

很多员工最致命的一点就是，不管是否自己做错，总会在上司开口前辩解一番，其实这只能起到反面的效果。

美国前总统林肯的一个下属是个年轻人，特别喜欢跟同事及上级激烈争吵，并为自己在言行上的胜利而沾沾自喜，因此林肯把他调离了白宫，并告诉他："凡是最大限度发挥自己作用的人，决不会把时间花费在与别人争论个人事情上。因为他花不起时间去承担后果，例如发脾气以及不能把控自己。在大事的决策上，如果你不能够比别人正确，那你就放弃；在小事的决定上，即使你是正确的，也要适当放弃。"

林肯对下属的告诫同样在告诉我们，在职场中面对别人的不同意见或者批评时，我们要以平静的态度去分析和接受别人的意见，尤其是对自己的领导。

戴尔·卡耐基通过多年的观察、研究表明，"任何教训、指责，都会使人感到伤了自尊而处于自我防卫状态，并且往往会激起他极大的反感。"喜表扬，恶批评是一种普遍的心理现象，那我们该如何来看待领导的批评呢？

◆牢记他是在说事，批评不是针对你个人

当下属出现与组织的统一运作相背离，或不协调、有误差的行为时，领导有责任对其进行批评指正，这是勿庸置疑的。如果任其而为，那就是领导的失职。他就会因此而受到更上一级领导的批评、惩处。所以说，领导是在履行职责，对事不对人。作为下属应当具有这种起码的组织观念，被批评时不应有领导故意找自己的碴，跟自己过不去的想法。这种想法不但于改正错误无益，还会形成抵触情绪，影响与上级的正常工作关系。

◆别过于计较批评方式

由于每个领导的工作方法、情感特征各不相同，对同一个问题的批评方式

就会表现出明显不同的差异。和风细雨式的批评好接受，而疾风骤雨式的批评就让人难以忍受。然而，作为下级，不可能去左右上级的态度和做法。应当认识到，只要上级的出发点是好的，是为了工作，为了大局，为了避免不良影响或以免造成更大的损失，哪怕是态度生硬一些，言辞过激一些，方式欠妥一些，作为下级也要适当给予理解和体谅。

工作中，面对自身的过失，我们应主动承认自己的失误并虚心接受领导的批评，同时将领导对我们的合理批评作为改善和提高自己的切入点，进而提高自己的能力和素质！

一怒跳槽？勇敢面对和化解冲突才是最明智的

工作汇报是一个双向的过程，在此过程中，员工与领导之间难免会对同一件事情持有不同的意见，进而产生摩擦。在这种情况下，若不作妥善处理，会对自己的工作、甚至团队整体的工作能力和良好的氛围造成一定程度的影响。

琳希是一家企业的人力资源主管，她工作很努力，非常有想法，对业务很熟练，工作思路很清晰，但不喜欢关注细节。而她的直属领导，其工作能力也很强，但有一点，很注意细节。正因为如此，琳希在工作中没少挨领导的批评。

一次，她加班加点地制订出了一套非常完善的绩效考核指标体系，可因为其中的细节做得不到位，人力资源经理很严肃地指出了她的错误，这让琳希感觉到很委屈，她觉得经理应该对她的努力进行肯定而不是揪着一点小错误不放。

对此，琳希在办公室向同事抱怨了一番，结果被人力资源经理路过时听见了。虽说经理没在意，可琳希不这么想，在以后的工作中，她总感觉经理故意挑她的错似的，其实这只是她的一个错觉而已。

现在，她在考虑要不要换一个工作环境。

在日常工作中，上司和下属之间难免会产生一些摩擦和碰撞，这种矛盾对工作的开展是极其不利的。优秀的下属，会利用巧妙的方式化解与领导之间的矛盾，让自己与领导的工作关系更为密切。

现效力于英超的切尔西足球俱乐部的特里是该队的队长。在贝尼特斯任教期间，他们之间曾发生过这样一件事情。

一次，他伤愈复出后，在一次比赛中却没能回到首发，这引起了他本人和球迷的不满。这场训练结束后，特里专门支持了贝尼特斯，并表示只要球队赢球，他不在乎担任替补。

人们看到，在训练场上，特里特意与主帅频频互动，两人有说有笑，训练结束后，特里还特意告诉媒体，自己并不在乎坐在板凳上，“我看到了球迷的反应，他们花钱看比赛，有权作出任何举动，这不关我和贝尼特斯的事。我接受目前的局面；如果我和球队一起赢球，那自然最好，如果我们赢球，我在场边当观众，也没问题，我会像球迷一样为大家加油。”

那么，下属在面临与领导的矛盾时，该如何巧妙地化解呢？

◆面对不合理的批评保持低调

领导对下级的批评一般都是针对工作本身而言，是不带恶意的，所以，即便是面对不合理的指责，则无须斤斤计较。当然，有的问题需要解释时，可采取恰当的方法加以解释。

凯文在一家外贸公司工作。他工作表现一贯良好，深受领导的器重。

一天，他正在工作，总经理怒气冲冲地来到他面前，不分青红皂白地就将他一顿训斥：“你们团队是怎么工作，居然会出现这么大的一个失误……”凯文被经理的批评弄得是一头雾水，他心想：近来也没犯什么错误，这到底是怎么一回事呢？

小袁稀里糊涂地挨了一顿批，对于自己今天挨批这事他始终想不通。虽

说如此，在以后的工作中，他仍像以往一样工作认认真真的，像是从没发生过一样。

事后，他才搞清楚了事情的起因。原来是昨天他们部门提交的一份报告中存在一个重大的错误，并由此直接导致了公司与客户的谈判结果，老板为此才发的火。这件事责任不在凯文，因为那份报告是由项目组长审阅的，他负责的是另一个项目。

后来，事情水落石出了，不久，凯文所在的部门经理离职，凯文被任命为部门经理。

◆过错在你，要主动去承认错误

对工作中的失误，你若能坦诚地面对、主动地去向领导承认错误，并积极地弥补，这样不仅能弥补错误所带来的不良后果，还能赢得领导对你的好感。

◆找机会和领导沟通

当领导对你有误解后，你找一个合适的机会讨教领导在哪些方面对自己有误解。弄清领导误解的原因后，你可以耐心向他解释，消除误会。

◆学会自我宣泄负面的情绪

无论是因自身工作存在失误，或是领导对自己产生了误解而受到领导的批评，我们都不可将因批评而产生的负面情绪带到工作中。此时，你不妨可以用自我抒发的方式对着自己说一通，可以是倾诉，也可以是发牢骚，甚至是宣泄，这些都可以缓解你压抑、紧张的心情。使你能很快走出阴影，积极投入到工作中去。

贝尼是一家公司的部门经理，除了有优良的业绩表现外，他在公司里的人缘很好，待人也很和善，几乎没人看到过他生气。

有一次，他的一位朋友经过他家顺道去看看他，却发现他正在顶楼上对着天上飞过来的飞机吼叫。于是朋友好奇地问他原因。

贝尼说："你看，我住在机场附近，每当飞机起落时都会听到巨大的噪音。后来，当我心情不好或是受了委屈、遇到挫折想要发脾气时，我就会跑上顶楼等待飞机飞过，然后对着飞机放声大吼。等飞机飞走了，我的不快、怨气也被飞机一并带走！"

朋友恍然大悟：怪不得他脾气这么好，原来他懂得如何适时宣泄自己的情绪。

作为下属，你需要主动地在思想和行为上化解领导之间存在的隔阂与矛盾，将自己与领导的距离拉近，这才是明智之举。

找回面子？不要把自己太当回事儿

别太在乎自己的面子和架子，花点心思花点力气将自己推销出去，否则就不会有人在乎你是谁。想要证明自己，最好先主动地让别人认识自己、记住自己、接受自己、欣赏自己。

刚毕业的小李，几经周折去年年底终于在一家房地产公司找到了一份市场推广的工作。在这几个月的工作过程中，小李总是感到在与人交往过程中，自己的自尊心不断地受到打击。自己的方案被上司拿到领导那里邀功；自己的客户被同事撬走；领导的批评总是落在自己的身上……

小李的个性比较要强，他不愿意为了这些事找领导分辩，但是他也认为自己的自尊心在这样的工作环境中很受伤害，无论是自己的业绩还是人际关系都为此受到了很大的影响。

像小李这样的问题，职场中人经常遇到。从心理学讲，自尊是一种精神需要，是人格的内核。维护自尊是人的本能和天性。当然自尊也要有一个度，一个弹性的区间。正确的原则是：从实际的需要出发，让自尊心保持一定的弹性。

比尔·盖茨说：“这世界并不会在意你的自尊，这世界指望你在自我感觉良好之前先要有所成就。”在职场，当你什么都不是的时候，最好收起你那廉价的自尊。

当我们在交际场上受到冷遇时，自己的自尊心将会面临着挑战，这时千万别发作，更不要自暴自弃。不妨多想一想自己的家庭、使命、职责，为了完成自己的职业生涯规划，一定要增加自己的自尊承受力度。

在交际过程中，我们还应坚持把实现交际的宗旨看得高于自尊，让自尊服从交际的需要。这样自己对自尊才会有自控力，即使受到刺激，也不至于脸红心跳，甚至可以不急不恼，以笑相对，照样与对方周旋，表现出办不成事决不罢休的姿态，这样才能成为交际场上的赢家。

反之，满心希望他人来肯定自己花了很多心血做的自认为很不错的事情，偏偏得到的是全盘否定。这时的自己肯定会受到强烈的刺激，为了挽回面子，进行辩解、反驳，甚至是争吵，这就大错特错了。以这样的方式来维护所谓的自尊、面子，只会使事情变得更糟，倒不如接受这个事实，用平静的心态做进一步的思考，找到与对方更好的沟通方式，效果可能更好一些。

当我们受到批评时，特别是当众挨批评，自尊心一定受不了。此时我们一定要对领导的批评有正确的理解，采取虚心的态度接受，这样做不但不会丢面子，反而会改变他人对你的看法，给大家留下一个好印象。

有时，批评的内容可能不实，甚至还有些偏颇，而批评者又处在特别的地位，这时如果你因为受自尊心的驱使，当场就进行反击，效果肯定不好。如果当时理智一些，事后再进行沟通、说明，这种处理方式会对自己较为有利。

维护自尊是人的本能和天性。若毫无自尊，脸皮太厚，不行；反过来，自尊过盛，脸皮太薄，也不好。维护自尊时，脸皮不妨厚一点，这并不是不要尊严，而是要把握适当的度，保持自尊心最佳的弹性空间。

微软亚洲研究院教育与合作总监华宏伟先生是面试官之一。他指出了大学生参加大公司面试的三大绝招：胆大、心细、脸皮厚。胆大即自信，心细指要注重细节，而脸皮厚则指要执着。面试时的偶然性因素非常大，一般面试官看简历只有30秒的时间，因此 丁点偶然的因素都会对面试结果产生重要影响。学生即使面试失败，也不应该立马垂头丧气地回去，可以找面试官问一下

失败的原因，甚至请求他再给自己一次机会。

美国权威财经杂志《福布斯》曾发布了成为富豪的五大秘诀：第一，懂得把伟大创意发扬光大；第二，脸皮厚才能聚集更多财富；第三，抱紧资产；第四，要有捡便宜货的独到眼光；第五，要具备气定神闲地面对投资风险的勇气。

当我们在职场还没有地位的时候，或者说，我们还没有实现自己的梦想的时候，这个时候，我们只能牺牲自己的自尊。越早意识到这一点，离成功就会越近一点。

CHAPTER

第七章

面对不同的领导如何汇报工作——领导也是人，摸准脾性沟通很重要

要想把话说得巧妙，说话时就要做到因人而异，对不同的人说不同的话。在职场中，向领导汇报工作更应该注意这一点。身为职场中的一员，你需要依据领导不同的秉性，对不同的领导唱“不同的歌”，这也是职场生存的一种智慧。

沟通因人而异，了解信息全面才能说得畅通

俗话说“人上一百，形形色色。”因而，我们在与他人沟通时一定要先了解沟通对象的年龄、爱好、文化修养等诸多方面的情况，只有这样，沟通才能达到预期的目的。

我们每个人的心理特点、脾气秉性、用语习惯等方面都会有所不同，这也就决定了每个人对语言信息的要求是不同的。因此，要与你的上司融洽相处，首先你得做到“知彼”，然后再选取合适的沟通方式来与其沟通，从而帮助你和领导合作起来顺风顺水，令你在职场中如鱼得水，

那么，我们需要了解领导的哪些方面呢?

◆了解领导的做事风格

不同的人有不同的做事风格，对领导而言，我们可将其划分为如下几类：结果型领导、细节型领导、整合型领导等类型。不可否认，多关注、多了解领导的做事风格，能增强双方的沟通效果。

◆了解领导的性格

如何向领导汇报工作是与上级建立良好的人际关系，并向其推销自我的一条重要途径，因而，面对不同性格的上级领导，聪明的下属会迅速找到与之和睦相处的方法。

应当如何汇报工作，是没有一定的模式可循，最好能针对领导的特点来选择合适的沟通方式。一般来说，性格外向，善于沟通的领导往往是“听众型”的，

我们可以多采用口头汇报的方式与其进行沟通，性格内向、喜欢思索的领导往往是“读者型”的，有时采用书面汇报的方式可能会更好。

工作中我们若能仔细揣摩每一位领导的不同性格，在与他们沟通的过程中区别对待，运用不同的沟通技巧，则会获得更好的沟通效果。当然，当我们初次与领导接触的时候，无法判断他是什么类型的，但是只要善于观察，在日常的工作中便可慢慢得知。

◆了解领导的风格

由于个人的素质和经历不同，不同的领导就会有不同的领导风格。企业领导的风格不同，其语言行为表现、对待下属的态度、经营思路和思维模式、处理各种事务的方式等都会明显的不同。因此，下属在与领导进行沟通时，需依据领导的风格来调整说话的内容。

按照领导者的指挥性行为和支持性行为两个维度的不同组合，会得出四种不同的领导方式。任何一位领导者都不可能仅仅只有其中的一种行为，总是或多或少地存在其他的行为，所以指挥性行为、支持性行为在每一个领导者的身上都或多或少地存在，只是程度上有所不同而已。有的人指挥性行为偏强，有的人支持性偏强。

将指挥性行为作为一条横轴，支持性行为作为一条纵轴，这样，便会得出四种不同的领导风格：命令式的领导方式、教练式的领导方式、支持式的领导方式、授权式的领导方式。

采取命令式管理风格的领导总是告诉下属应该做什么、什么时候做什么以及怎样去完成各种不同的任务。他们重点关注工作任务的完成情况和工作效率的高低，因而，下属在进行工作汇报时，应重点对这两方面的情况做出清晰的说明。

教练型的领导同样给予下属大量指示，同时也试图倾听下属对决定的想法，但决策的控制权仍然掌握在领导者的手中。对此，下属在进行工作汇报时，需对自己的工作业绩进行总结与评估，并可就工作中的问题与管理者进行沟通。

支持式、授权式管理风格的领导者，注重对团队成员的工作加以鼓励和协助，在确保能达成工作目标的前提下，由团队成员自己决定工作的方式和进度。鉴于此，下属在向这类管理风格的领导者汇报工作时，除了需要说明工作任务完成情况外，还需将下一阶段的工作计划、自己的想法和建议等内容都做出说明。

如何向结果导向型领导汇报工作

以结果为导向型的领导非常明确自己的目标是什么，就职场特质而论可将其称作“老虎型”领导。

我们在向这种类型的领导做工作汇报时，需要注意如下三点。

◆工作要务实

我们要用行动来向领导证明自己的业绩，在沟通中没必要耍太多的“花招”，直来直去反而更容易获得他的领导和欣赏。

◆用业绩说话

这一类型的领导在工作中最注重的就是“结果”，因而，在汇报工作时，我们尽量用数据来说话，另外，在体现解决方案时，最好能列出各种方案所能达成的各种结果及影响。

下面是一则示例：

销售主管工作汇报材料

一、工作成绩

1. 销售任务完成情况

超额完成销售任务____%，销售回款率达____%，销售费用率降低了____%。

2. 人才培养情况

……

二、下阶段工作目标

1. 销售任务目标

2. 团队管理目标

……

三、下阶段的重点工作

1. 构建合理的销售网络

销售就是做市场，在下阶段的销售网络构建中，我们主要按如下两个步骤进行：第一步，我们对企业周边地区的________平方公里、________城镇进行较为详实的市场调查，多方征求经销商对销售工作的建议

2. 销售团队管理

……

◆要学会找时间与领导沟通

“忙”是这种类型领导的一个突出特点。所以，不要指望领导会在办公桌前等候你向他汇报工作，而是要你主动找领导，找准合适的时机与他沟通。

与领导沟通不一定非要在办公室或会议室，下属要善于抓住一切机会随时随地与领导沟通，有时宽松的环境反而会使沟通效果更好。

肖恩是一家公司的人力资源部经理，之前总经理曾经与他商讨过下年度给员工提薪的方案，但具体调薪幅度还未确定。

一天临近下班时，肖恩来到总经理办公室，发现总经理不在办公室，听秘书说今天下班后总经理约了人要去打高尔夫。很快，肖恩来到公司楼下，不一会，看见总经理拎着高尔夫球杆正往停车场走去。肖恩小跑来到总经理身边，在征得总经理同意的情况下与他一同上了车。

上车后，肖恩很快进入正题，他说道：“总经理，上次您跟我说的那个加薪的方案，后来我依据财务部提供的信息及目前公司的情况做了仔细的研究，下

面有这样几个关键的数据，您先看下。”待总经理看完后，肖恩接着说道：“基于上述分析，所以我认为此次调薪的比例确定为5%。”总经理沉思了一会，点头表示同意。

沟通完毕，肖恩也下了车，他打算明天再制定出一份完善的调薪方案来交由总经理审批。

如何向互动型领导汇报工作

前文我们说过，向领导汇报工作是需要掌握一定的技巧的。其中，除了需要明确汇报什么、如何汇报等内容外，还有很重要的一点，即根据领导的类型选择合适的汇报方式。

依据个性特质的不同，管理学上将领导大体分为互动型、细节型、整合型等多种类型。互动型一类的管理者，他们拥有高超的表达力，社交能力极强，热情幽默，其职场特质可形象地称为“孔雀型”。在工作中，他们身上具有如下四个特征：擅长说服人和鼓舞团队士气、常常利用各种机会宣扬理想和愿景、让所处的团队始终保持积极向上的精神状态、擅长有效地分配工作。

孔雀型的人说服力强。马云不仅能够说服创业时期的“十八罗汉”与他共同熬过寒冬，甚至在寒冬时还能吸引外部的优秀人才加入阿里巴巴。

蔡崇信是一家全球著名的风险投资公司驻亚洲代表，他赴杭州洽谈投资。蔡崇信接触到了马云和他的团队以及他们正在做的事情，一段时间的接触下来，他做出了一个决定：他请求加入当时还处在成长期的阿里巴巴，这个曾在香港年收入达数十万的“海龟”精英，却甘心成为月薪只有500元的阿里巴巴，成为阿里巴巴的CFO。

戴珊是阿里巴巴创业时的18个人之一，她这样描述马云所具有的煽动性：

“无论什么时候看到他，你在他眼中看到的都是自信，我一定能赢的信心。你跟他在一起就充满了活力。”

当你的上司是这一类型的领导时，在工作中，你至少需要做到如下两点。

◆**反应敏捷，跟上领导的节奏**

在这一类型领导面前，首先头脑要灵活机动。你的思维一定要跟得上领导的节拍，并会妥善处理临时改变的工作。

库特是一家公司的产品经理，他所在的公司近来准备推出一款新产品，可还没开始大规模生产的时候，另外一家竞争对手已经抢先推出了类似的新产品，而且价格比自己公司的成本还要低。

发现这一情况，库特立马向公司老总进行了汇报，老总得知此事，立马将相关部门的负责人召集起来开会，商讨解决办法，会场一片沉默。此时，库特也冷静地思考着，他觉得情况并不像大家认为的那样无药可救，如果能把产品再进行改进，也许就能打开市场。这时，他想起了上大学时的一位专门从事此项研究的教授。于是，他向老总提出了这样的建议——对产品进行改进，以此来超越竞争对手。

不久，老总便让库特全权负责这个项目。

◆**要多方位思考**

这类领导有着极强的创造力，所以在工作上，他们喜欢不断创新。在这类领导手下工作，你一定要多方位地去思考问题，充分发挥自己的创造力，这样更容易获得他们的赏识。

伯尼在工作中除了按要求做好产品研发的工作之外，他还要学会经常从各个维度出发，针对手中的工作多问相关问题，包括为什么做、什么时候做、怎么做等。在此过程中，他经常会发现一些新的问题，进而提出一些好的点子，因而深受公司的青睐。很快，他便从一名普通的研发专员提升为项目主管。

只有多方位思考，勇于实践，我们才能够发现更多机会的可能性，也才能够跳出习惯性思维的窠臼，进而取得好的业绩。

如何向细节型领导汇报工作

在做事风格上，属于这一类型的领导者往往比较追求完美，就职场特质而论应属“猫头鹰型”。

面对这一类型的领导，在与之相处的过程中，需要注意以下三点：

◆让自己的工作做到井然有序

你需要把工作系统化、程序化，使其看起来一切都有条不紊。另外，要谨记千万不要打乱领导的工作计划及原有的工作节奏。

◆关注细节

精细、全面的书面沟通是极佳的方式。在可行性汇报中详细排列出主次目标，找出完成各分目标所需的资源、可行的计划、预计达到的效果，这会使他认可你的工作品质。

◆工作中做到三思而后行

细节型领导的处事风格就是“善思”。所以，在处理问题时最重要的是多动脑子去思考。切记不要轻举妄动，否则会给领导留下有勇无谋的印象。

前文我们说过，属于“猫头鹰型”的领导者，他们行事条理分明，有完美主义的倾向，鉴于此，我们更要以高标准来要求自己，这样不仅能符合领导的期望，同时也能使自己得到更快地成长。

一位朋友曾经给我讲过他工作中发生的一件事情。

一次，部门经理让他拟定一份市场推广计划书，他自以为才华横溢，所以用了一天的时间就把这个方案做完了并将它交到他的上司那儿。他满以为经理会对他赞扬一番，说他办事高效，可令他没有想到的是，经理反问道："这就是你能做得最好方案吗？"

讲完这件事后，他说，正因为在过去那位领导的影响下，他也在不知不觉中改变了很多。比如：那位领导总是要求下属在做每件事前一定要考虑周密，想好每一个环节可能出现的突发状况和应急预案，要求做到万无一失；任务完成后一定要进行总结，看看下次能否进一步改进，甚至还要提出更高的标准。我同学因此改掉了曾经在工作中不使十分力、只要把事情完成就拉倒的做法，他严谨、负责和精益求精的工作态度，使新单位的领导很欣赏。

如何向整合型领导汇报工作

整合型领导性格多属“和平型”，就职场特质而论应属多变型。较善于综合性地应对事物，同时也喜欢听取组织内的各种意见。

领导力专家甘尼（Usman Ghani）认为有两位企业家是典型的整合型领导人，一个是IMB前执行长郭士纳，他能汇集所有部门、想法、感觉的力量，去实现一个更丰富、更有效的成果。另一个是美国西南航空的创办人赫伯·凯勒赫，在他身上同时整合了多种角色，包括员工的教练、聆听的董事、新商业概念的挑战者和创造者、负责执行与评估的营运经理，以及眺望企业远景的人。

下面是一个郭士纳与内部员工沟通的例子。

郭士纳进入IBM后，意识到自己与员工沟通的重要性。当然，对于IBM这样的大公司，要与每一名员工坐下来面谈，是不可能实现的；但还有其他的方式可以实现互动的交流。郭士纳正是利用IBM的电子邮件与员工们实现有效沟通的。

郭士纳上任后6天，就给IBM的全体员工写了一封信，他在信的最后还讲到：“在未来的几个月中，我打算走访尽可能多的公司营业部门和办公室，而且，只要一有时间，我就会去和你们会晤，以共同商讨如何巩固和加强公司的力量。”

郭士纳在邮件中对员工讲述他的计划并传递信心，而IBM的员工，或者支持，或者反对，都坦率地表达，甚至不惜讽刺。正是在这样的坦诚的互动交流中，郭士纳更加深了对企业以及员工的了解。

属于这种类型的领导者，他的综合能力强，你工作中的一点一滴都可能会构成他对你评价的标准。因此，在工作中与其沟通时，你需要注意以下两点。

◆不打无准备之仗

在与其沟通工作中的问题时，一定要准备充分，列举的问题要准确，结果预计要合理，切不可留下冒失、经验不足的印象。

小朱从上一家公司辞职后，进入到一家食品生产公司任销售部经理一职。工作初期，他事先对行业的整体情况做了详细地了解，并分析了公司内部的情况后，制订出了下一阶段的工作计划。

一天，他拿着工作计划书来到总经理的办公室，向总经理阐述他下一阶段的工作安排。他是这样说的："通过对公司的实际情况与竞争对手的情况的分析，初步制定出的本部门工作目标如下：确保销售额达到______万元，力争达到______万元；销售回款率达______%，同时将销售费用率控制在______%以内。为达成这一系列目标，我们需要得到其他部门的配合与支持，其具体内容如下……"

待他内容陈述完毕，总经理微笑着对他说："嗯，你的思路很清晰，下午我会将市场部及其他相关部门的负责人召集到一起开会讨论下，以便更好地配合你们部门的工作。"

好的开端是成功的一半，小朱在做了充分准备的基础上，向领导详述了他的工作计划，并得到了领导的初步认可，这无疑为他后续工作的顺利开展奠定了良好的基础。

◆与之建立良好的工作关系

整合型领导非常注重人际关系，所以先期建立良好的关系可以为后期达成工作上的共识建立良好的基础。

如何建立良好的工作关系？下文给出了四点建议。

第一，明确自己的角色。不同的角色有不同的职责，也决定了你的立场和处事方式。

第二，相互尊重。要想赢得别人的尊重，首先要学会尊重别人，而彼此尊重才能积极有效地推进工作。

第三，遵守规则。每个游戏都有规则，职场也不例外。

第四，要具备大局观念。工作要站在大局的角度考虑问题，而不能片面追求部门利益或个人利益。

外向性格的领导应对策略：侧重口头汇报

性格外向，善于沟通的领导往往是“听众型”的，他们反应迅速，思维敏捷，喜欢用对话形式获取信息，而且能从对方情绪中洞察其意图。

在工作中，下属要经常向上级汇报各种情况，尤其是口头汇报，用得更多，随时随地都可能发生。要想做好口头汇报，达到更直接、更方便反馈信息的效果，需要注意沟通的方式与方法。

◆宜“直”，不宜“绕”

口头汇报要开门见山、直奔主题，尽量做到一语中的，直接把事情的来龙去脉，照直、照实说清楚，为领导决策提供第一手真实可靠的资料。

美国金融大王摩根与人接洽生意时，常能用最少时间发挥最大效力。他说出来的话，句句都很准确、很到位，都有一定的针对性。除了特别重要的客人外，他从来没有与人谈话超过5分钟以上。

在向领导进行工作汇报时，我们也需要向摩根先生学习，学习他的这种说话方式——内容应简明扼要切忌东拉西扯，开口千言，离题万里，让听者不知所云。

有这样一个笑话：话说从前有位书生，说话喜欢绕来绕去，夸耀自己的学

问。一天夜里，他被蝎子蜇了，还摇头晃脑地在喊：“贤妻啊，尔夫为毒虫所袭，请速燃银灯！”连喊好几遍，他妻子也听不明白。书生实在痛得受不住了，情急之下才改口道：“老婆，快点灯，蝎子蜇着我了！”

这虽是个笑话，但也告诉了我们一个道理：平时说话或汇报工作的时候，一定要言简意赅，让别人在最短的时间内听明白所要表达的意思。

◆内容需客观，不宜“虚夸”

日本著名的企业家吉田忠雄在回顾自己的创业成功经验时说过，为人处事首先要讲求诚实，以诚待人才会赢得别人的信任，离开这一点，一切都成了无根之花，无本之末。

的确，诚信是员工职业素养中很重要的一个因素。在向领导汇报工作时，我们也必须实事求是地评估已做过的工作，恰如其分地估价取得的成绩，认真准确地查找存在的问题，周密地思考如何解决这些问题，切忌浮夸。

◆要求用词准确、具体明确

汇报工作时要尽量避免“大概”、“也许”、“估计”等这一类词。

让我们来看这样一个场景：当你的领导问你工作报表做得怎样了，你觉得如下两种回答，哪种更能让上司满意呢?

A.“明天中午12点之前。”

B.“明天吧，应该可以完成。”

很显然是第一种回答方式更能符合领导的要求。在工作中，我们要尽量少用“可能”一类的模糊性词语，因为这样可能会让领导误认为你是以一种不负责的态度来对待工作的。

◆汇报的问题要有顺序，轻重缓急要有侧重

进行工作汇报时，一般是先讲最重要的事情，再讲次要的事情，先说结论，然后补充论据。切忌事无巨细，面面俱到。既没有汇报主线，也没有汇报层次，而是记“流水账”，把自己掌握的情况简单地罗列、堆砌起来，使得领导无法清晰了解汇报人所阐述内容主题。

◆对领导可能会提出的问题事先做好准备

与领导面对面地汇报工作，上司可能会就某一问题需要听取你的意见，此时，你若支支吾吾、一脸茫然，其效果可想而知。而一个聪明的下属则会在汇报之前对领导可能提出的问题最好做好准备，待领导发问时，他会给领导一个满意的答复。

内向性格的领导应对策略：侧重书面汇报

在通常情况下，性格内向、喜欢思索的领导往往是“读者型”的，他们更喜欢下属用书面报告的形式向他们汇报工作。

面对这种类型的领导，在内容方面除了需要做到结构清晰、内容有条理外，还需注意如下两点。

◆注意措辞

一份好的工作汇报不仅能体现你清晰的思路和良好的表达能力，还能考察出你的职业化程度。所以一定要注意措辞和语言。写完汇报材料之后要通读几遍，精雕细琢，切忌有错字、别字、病句及文理欠通顺的现象发生。否则，就可能使你的汇报材料黯然无光或者带来负面的影响。若你的书面表达能力出众，则能为你的形象增分。

相传曾国藩率领湘军与太平天国作战，屡吃败仗，曾国藩上书朝廷，言及“屡战屡败”，经幕僚更改为“屡败屡战”，这样一改，其意境大变！

◆附加必要的材料

报告的主体内容写完后，还可以以附件或补充材料的形式，附在主报告之后，领导认为需要时可供其翻阅。

另外，汇报者也可以对材料进行分析，并得出自己的结论，供领导参考。

在工作中，我们要主动去适应上司的工作风格。韩国前总统李明博认为，作为下属要懂得改变性格去适应自己的上司。他在自传中这样说到："也许有人会反驳我说，这是要让身体去适应床，是带有权威色彩的和非科学的思维方式，但我的方法比较实用。"

具体到行动上，那我们该如何去做呢？下文给出了两点建议。

◆要了解自己的上司

清楚上司的管理风格，是倾听型的，还是与阅读型的，并据此采用合适的沟通方式。

◆适应自己的上司

调整自己的工作风格，以上司一贯的工作风格，而不是以自己擅长的风格去配合上司开展工作。

洛维以前就职的公司的一位领导性格平和，很少见他冲员工发火，在工作中，他喜欢采用"便条"的形式与员工沟通。因此，对于一般性的工作事宜，员工也会采用"便条"的方式给他汇报，而洛维也适应了这种工作方式。

后来，洛维换了一家公司，他的领导看起来也是属于那种温文尔雅的那种人，似乎看起来和他以前的那位领导的工作方式很像。

可没想到，就是因为他的这种错误的认识，导致让他失去了一次获得晋升的机会。

事情是这样的。一次，他接到领导给他分配的一项任务，可中间出了点差错，但最终他还是想办法给解决了。事后，洛维依旧用"便条"的形式向这位领导汇报了此次工作的情况。

结果没想到，领导看后很生气地对他说："工作中出了差错，你居然不事先跟我口头汇报下，好在问题不大，否则……"

因为这件事情，本来有望获得晋升的洛维错失了机会。

作为下属，如果不能及时地调整自己的工作风格，以适应上司的需要，你很有可能会失去一些发展机会。

CHAPTER

第八章

汇报工作，一门可操作的学问——抓住汇报工作中的8个要点

毋庸置疑，下属向领导请示、汇报是履行工作职责，也是沟通上下关系、获得上级领导指导支持的一个重要途径和手段。为了更好地通过工作汇报来获得领导的认可，作为职场中的一员，你需要知晓其中的禁忌。

汇报要有一定频率，不可事事请示

在市场变化莫测，竞争激烈的环境下，企业的领导常常遇到困难或者面临该做出何种决策的难题，这个时候就需要下属提供正确的信息，而我们的工作汇报就是为了让领导能够获得准确有效的资料，以便他们能正确地做出决断。因而，我们说一个优秀的员工必然是一个善于汇报工作的人，因为在汇报工作的过程中，他能得到领导对他最及时的指导，因而他也能得到更快地成长，也因为在汇报工作的过程中，他能够与主管建立起牢固的信任关系，进而得到主管的赏识，从而获得更多展现自我的机会。

通常来讲，下属应该学会勤于向上司汇报工作，但我们要做好一件事情，有时候时机的选择很重要，掌握了合适的时机，会让事情在完成的过程中达到事半功倍的效果。同样，汇报也需要合适的时机。那么，在哪些情况下，我们需要向主管领导汇报工作呢？

◆做完工作计划后，有必要向领导汇报

当工作计划做好时，就应当向上级汇报一下。这样可以让领导了解计划的内容，提出合理化的建议或意见。而且领导可以审时度势，从大局出发指出计划的问题所在，做出有益而有效的修改，避免我们在工作中做无用功。

◆工作进行到一定程度时

在工作进行到某一阶段时，你需要向主管领导汇报工作进展情况，包括所取得的成果、遇到的问题等，这样便于上级更好地对下一阶段的工作做出安排。否则，一旦出现什么状况，等工作结束后才来汇报，就可能会造成更大的损失。

◆工作完成后，及时向上司汇报

经过你或者你与部门同事的共同努力，终于完成了这项工作，你应该及时将此次工作进行总结汇报，总结成功的经验和其中的不足之处，以便于在下一次的工作中改进提高。

◆工作中出现意外情况时

当工作进行过程中出现意外情况时，你需要及时向上级汇报，以寻求上级的支持和帮助。

◆需要做出超出权限的决策时

做到权责分明是一个企业实现高效运转的前提条件，因而，在工作过程中，遇到超出权限范围内的事情时，需做到及时汇报。

在明确了什么情况下需要向上级汇报工作外，你还需记住如下两点要求。

◆“分内事”不须事事请示

从某种程度上可以这样说，一个事事请示，不能自主做事工作的员工，必然缺少工作的责任心和积极主动精神。

塞罗刚做公司一个部门的主管时，习惯于事事向上级请示汇报。第一次请示汇报，老板没说什么，第二次老板又没说什么。第三次，刚好赶上老板在休假。这次，老板终于忍不住对他发火了，很严肃地问他：“你是不是对这个职位缺乏信心？”一句话把他问懵了。老板接着说：“如果你觉得没有能力担当这个职位，我可以给你换个岗位，否则，你就应该承担责任。如果事事都要我来做决定，那么，你的价值体现在哪呢？”

◆是请示而不是依赖

下属一定要勇于承担，不要什么事都找上司请示。工作中遇到了超越自己权限或能力的事情必须请示上级。但是在请示之前，你最好要有自己的想法而不是完全将问题推给领导，否则，凡事依赖领导部署，不会做决定、不敢做决定，久而久之便形成了“固化思维”，不利于自身的成长。

菲瑞是公司的一个会计，一次，她递交给财务经理一份关于内部成本控制的报告，请求主管领导做出批示。可财务经理因为忙，这份报告放了一个月也没有看。当菲瑞第三次向经理询问意见时，他对会计说：“我没时间，你自己分析一下，提出个措施来吧。”结果，第二天菲瑞就提出了一个可行性的措施，并将其交由财务经理审阅。下午下班时，经理将她叫到办公室，对她的这个建议给予了肯定，并同时给她提出了一点改进意见。

在以后的工作过程中，菲瑞都将她的建议拟好，以供财务经理参考。半年后，公司提高了她的薪酬待遇。

一般来说，员工在自己职权范围内大胆负责、创造性工作，是值得倡导的，也是为领导所欢迎的，而对超出职权范围内的事情，你需要请示汇报，但决不要有依赖心理。

汇报要突出重点，不要眉毛胡子一把抓

美国伯利恒钢铁公司总裁斯瓦伯曾向效率专家艾维·利请教“如果更好地执行计划”的方法。

艾维·利说在10分钟内给他一样东西，这种东西至少能让公司业绩提高50%。利递给总裁一张空白纸条，让他在纸上写下第二天要做的最重要的六件事。

斯瓦伯写完内容后，艾维·利让他在纸条上用数字标明每件事对总裁及公司的重要性次序。艾维利接着说：“现在把这张纸放进口袋。明天早晨第一件事是把纸条拿出来，做第一项。不要看其他的，只看第一项。着手办第一件事，直到完成为止。然后用同样的方法做第二项，第三项……直至你下班为止。如果你只做完第五件事，那不要紧。你总是做着最重要的事。”

整个会见历时不过半个小时。几个星期后，艾维利收到一张2.5万美元的支票。

哲学上讲，要分清事务主要矛盾和次要矛盾，不能眉毛胡子一把抓。在开展工作时如此，在工作汇报中亦是如此。

在一次工作总结会上，领导让一位主管汇报一下上一个月的工作情况。他是这样表述的：“首先，感谢领导对我工作的大力支持。下面我就上月的工作情况做个总结：总体来说，我们小组的成员工作都很努力……”这时，两分钟的时间已经过去了，他接着说道：“上个月，我们本可以签下一笔大单，因为……所以，最后我们部门的业绩不是很理想，具体情况如下……”

待业绩阐述完后，他似乎还想说什么，领导打断了他的讲话。

很显然，这是一次失败的工作汇报。我们常说：“言不在多，达意则灵。”在与领导沟通的过程中，需要注意你的措辞，尽量做到简练。如果你说话抓不住重点，这样会让人心生反感。

泛泛而谈、毫无重点的汇报，一来显得很肤浅，二来也是浪费时间。我们在与领导沟通的过程中，需在不遗漏有用信息的前提下，尽可能做到语言简练，以便缩短汇报的时间。

具体说来，在工作汇报内容的架构上，存在如下三个方面的问题。

◆汇报的内容很“发散”而不“聚焦”

汇报的主题不突出，事无巨细，面面俱到。把自己掌握的情况简单地罗列、堆砌起来，一股脑儿地叙述事物经过，或者为了照顾各方面关系，把每个个体的情况都大致说明了一下，使人感到啰啰嗦嗦，不得要领。

拿破仑对他的秘书们一再重申的训令就是：“要清晰！要明白！”在我们日常生活中，与人交谈或是请示汇报工作时，能清晰、明确地表达自己的意思，不让对方摸不着头脑，不让对方揣摸半天或是猜谜语，肯定能给人留下好印象，认为你是个头脑清晰、思路敏捷的人。相反，如果你东拉西扯地说了一大堆，还没有把意思表达清楚，会给人留下一个糊里糊涂的说话形象和不清晰明朗的说话风格，在这种情况下，你怎么能得到领导的重视呢？

托尔斯泰说过：“人的智慧越是深奥，其表达想法的语言就越简单。”其实真正打动人心的语言往往不是长篇大论，而是那些简洁有力的话语。

丘吉尔一生最精彩的演讲，也是他最后的一次演讲，是在剑桥大学的一次毕业典礼上，整个会堂有上万个学生，他们正在等候丘吉尔的出现。正在这时，丘吉尔在他的随从陪同下走进了会场并慢慢走向讲台，他脱下大衣交给随从，然后又摘下了帽子，默默地注视所有的听众，过了一分钟后，丘吉尔说了一句话："Never give up!"（永不放弃）丘吉尔说完后穿上了大衣，带上帽子离开了会场。整个会场鸦雀无声，一分钟后，掌声雷动。

在这个讲究效率的时代，不要用你的长篇大论来浪费彼此的时间，简洁明晰地表达自己的观点才能收到更好的效果。

◆汇报的内容"凌乱无逻辑"

汇报工作时，有些员工说话是缺乏逻辑性的，想到哪儿说到哪儿，这样半天下来，发现话说了不少，但自己准备的内容没有谈到，或被一带而过。你还想谈下去，客户或者领导却有事要走，结果草草结束，达不到解决问题的目的。

作为职场中人，应该避免与领导说话滔滔不绝，说出一些有分量的话。即向领导汇报他们所关心、关注的问题，如领导关注的是公司的收益状况，你需将公司的近况认真地说给领导；如目前公司由于经营不善，导致利润下滑，领导想听的是真实结果，从而想出更好的解决方法。

◆汇报的内容"无实质性的解决方案"

汇报不同于一般的叙述，其中很重要的一点区别在于汇报要有相关的建议。

一次成功的汇报，应该因人而异，因事而异，因要求而异。但就汇报的内容而言，汇报者需将领导所关注的内容，如你的业绩等作为工作汇报的重点，然后就工作过程中的典型事例加以分析、总结即可。

汇报要简洁明了，让领导知晓“是什么”

无论是在生活还是在工作过程中，沟通都是必不可少的。而沟通时一种技能，其中很关键的一点在于，说话前要理清思路，说话时要紧紧抓住中心和要点，做到简洁明了，让对方能清晰地知道你讲话的主题。

在工作中，无论是说话还是办事，都需抓住重点，这样才能达到事半功倍的效果。

帕特是一位优秀的设计师，具备深厚的专业素养，可在他身上同时也存在一个明显的不足——说话抓不住重点。

帕特在与人沟通时，总是东一句、西一句的，毫无条理。在向领导汇报工作时，他一项内容还未说完，话题又跑到下一个主题上去了，对此，公司领导曾多次批评过他这一点。在与客户沟通时，他常常是滔滔不绝地说了很多话，客户却不明白他到底想表达什么意思，结果，本来很优秀的一个设计作品，有时却因为他表达不当，导致客户颇有怨言。

我们在做口头汇报时，不仅要掌握说话的一般规律与技巧，还要善于厘清思路，有条不紊。很难想像一个说话杂乱无章、没有条理的人能够取悦和说服别人。

因此，在语言交流中，一是要注意说话的重点或要点，理清思路。在此基

础上运用种种技巧，或巧言点题，做到有张有弛。如此，你的讲话必会收到显著效果。具体该怎样做呢，下文给出了三条建议。

◆多听

在与他人沟通的过程中，我们可以多听听别人是怎么说的，从中得到借鉴和启发。

◆多写

多写更能提高表达能力。古人曾说，诉之笔端，半折心始。意思是，有好多话要说，但真正能写到纸上的，也就只有一半。这个道理说明，思路可能是很多的，只有通过多写才能去粗取精，去伪存真，把自己想要说清的问题表达清楚。

◆多思

遇事要先想一想再发表意见，使自己说的话有条理，比如说问题，可围绕“这个问题是什么、是谁造成的、原因是什么、错在什么地方、如何解决”等小题目去展开。

综上所述，在工作汇报时，说话首先要做到有的放矢，简明扼要，突出重点，让领导知晓你所表达的内容；其次表达自己的观点，更应当讲究章法，思路严密，这样会大大提升沟通的效果！

向领导汇报坏消息需要有技巧

信息是领导做出决策的重要依据，作为企业的管理者，他不可能做到面面俱到，很多时候他需要依靠下面的员工来获得信息。

毫无疑问，对于企业运营良好的汇报，领导听后自然感到欣喜，而对于工作中的失误、经营上的亏损等方面的汇报，领导听后必定会感到不安与忧虑。

原则上，工作汇报也需要“报忧”，那如何最大化地降低领导听到经营中的负面消息后产生的负面情绪呢？这就涉及到汇报的技巧。

卡尔正在办公室为员工制定下个月的销售计划，电话响了，是公司的一位大客户打过来的，说是暂时不与他们合作了。

卡尔挂断电话后，急促地敲开了总经理办公室的门，当时，总经理正在和来访的一名客人交谈。

总经理示意他先坐下，可卡尔是个急性子，他没想那么多，张口就说道：“经理，不好了，上次来的那个客户刚打电话来说，他们今年不想和我们继续合作了，真要是这样，我们的销售恐怕会受到很大的冲击。”

听他说完，总经理刚才还笑着的脸立马沉了下来。

任何企业的成长都不可能是一帆风顺的，因此，一定会出现意料之中和意料之外的坏消息，很多人因为不会说话，不会传递坏消息，最后被领导迁怒

了。因此，在职场传递坏消息是非常有讲究的。

◆找个合适的时机

在有负面的消息要向领导汇报时，你首先要对事情的紧急和严重程度有个初步的判断。如果并不是很紧急的话，最好找一个合适的场合和时机向领导汇报，例如选择领导单独一人的时候，尽量避开周围其他人，特别是不要在有客户来访的时候向领导汇报。

◆委婉地表达

说话除了需要选择一个合适的时机外，还需要讲究技巧，即“怎么说”才能让对方听起来更顺耳。所以，当你有坏消息要向领导汇报时，如果你能用一种比较委婉的方式将它传递出去，效果可能会更好。

假设卡尔这样说：“经理，上次来的那个客户那边刚刚出了点状况，客户打电话过来说……”这无疑要比他那样直白地阐述要好。

因为这里的措辞用的是“状况”，而不是“麻烦、问题”这类激烈的言辞，这有助于弱化了消息的负面刺激，给了领导一个缓冲情绪的时间。

◆提供解决方案

汇报不只是上报问题与困难，更关键的是要拿出解决办法。对于领导来说，他当然不会满意于那些仅仅会带给他问题的员工。如果你在这个时候能够拿出有效的解决对策，或者是一些解决问题的建议或想法，往往会给领导留下好印象。

无论是报喜还是报忧，都忌揽功推过

趋利避害是人的天性。在职场中，从不缺乏这样的人：有利的事情，总想去分一杯羹；而出现失误时，却总是找出各种理由来为自己开脱。作为职场中的一员，在进行工作汇报时需牢记这样一点，无论是报喜，还是报忧，其中最大的忌讳是揽功推过。

所谓揽功，即是把工作成绩不属于自已的，也在自己的功劳簿上记上一笔。其表现有两种形式：其一他们在向老板汇报工作成绩时，往往有意夸大自己的作用和贡献；其二把别人的功劳算在自己的头上。他们以为用这种做法就可以得到领导的赏识与信任。

杰西从上一家公司辞职后，来到他现在所在的这家公司从事广告设计工作。一次，一位客户找到公司，想请公司为他们设计广告方案。

待任务发布后，杰西主动向老板请缨，希望由他来带领小组完成这个设计方案，希望公司能给他这个表现的机会。经理听后对他的这种工作积极性表示赞许。

用了将近两周的时间，设计部的员工设计出了两套广告设计方案，实际上，杰西在其中并没有付出多大的努力。待成果出来后，杰西径自拿着这两套方案，到老板办公室“报喜”，说了两套方案各自的优点和特点，老板频频点头，并夸奖了杰西几句。

开例会时，经理就两套设计方案特意表扬了这个团队，并重点表扬了杰西。

在座的其他成员听见经理这样说，大家都面面相觑，经理看到大家的表情后，心里大底明白是怎么一回事了。在了解了其中的原委后，经理对杰西的态度有了很大的改变，更令杰西没有想到的是，当他再次向经理提出担任项目组长时，遭到了拒绝。

争功诿过原本的目的是获得功劳和晋升，但是聪明反被聪明误，结果却是连表现的机会都会丧失。

一个优秀的领导，他们并不会因为你喜欢揽功，就把功劳记到你的账上去的。即便一时无法辨别，但终究是会被揭穿的。

eBay公司的CEO梅格·惠特曼曾说过："不要处处贪功，如果你周围的人好事多多，好事也终会降临到你头上。"凡事不贪功，在自己努力的同时帮助身边的人健康成长，真诚为每一个朋友或同事的进步由衷地赞誉和鼓励。水涨船高，身边的人好了，自己也会好。

由于各种原因，我们的决策和工作有时会不可避免地出现失误，当领导责问时，不能把责任推到别人的身上，而是要勇于进行批评与自我批评，承担责任，承认错误；而当取得成绩时，不能贪功自居，而是要把成绩与功劳与人分享。这样做才是一种负责任的担当，也是高尚人格的表现。这样的人，领导自然也会愿意给他更多的机会。

汇报要就事论事，不掺杂个人感情色彩

假如你是销售部门的一位主管，有这样一个下属，他上班经常迟到，且交给他的工作常会拖延，但他的销售业绩不错，在部门里面居于前列。当销售经理向你了解团队成员的概况时，你会如何对这位下属作出评价呢？

这就涉及到我们经常提及的一个原则，工作中应该就事论事，而不应掺杂一些个人的感情色彩在其中。这个原则也同样适用于我们做工作汇报。

汇报工作的过程，是向上级反映情况的过程，做好工作汇报，能及时争取上级的正确指导。通常情况下，汇报情况及时，上级指导就及时；汇报情况详细，上级指导就具体；汇报情况准确，上级指导就更有针对性。在这一过程中，需注意，汇报的内容要尊重事实，就事论事，不能臆断，更不能凭空想象和联想，也不能过多地掺杂个人的感情色彩。

春秋列国时期，有一天，晋平公问大夫祁黄羊谁做南阳县的县令比较合适，而祁黄羊居然举荐了自己的仇人——解狐。

晋平公很惊奇地问：“解狐不是你的仇人吗？你为什么要推荐他？”祁黄羊回答说：“国君你问谁可以当南阳县令，并没有问谁是我的仇人呀！”于是任命解狐为南阳县令。而后来的事实也证明，祁黄羊的举荐是很英明的，因为解狐把当地治理得井井有条，深受百姓的欢迎。

过了一段时间，晋平公又对祁黄羊说：“现在国家缺一尉官，你看谁可以去

担当这一官职呢？”祁黄羊毫不犹豫地推荐了自己的儿子祁午。晋平公大为惊讶地说：“祁午不是你的儿子吗？”祁黄羊从容回答说：“国君问我谁可以当国尉，可你没有问我谁是我的儿子呀。”晋平公连连点头，说：“好！”于是任命祁午为中军尉。果不出所料，祁午到任后，刚正不阿，执法严明，政绩卓著。

后来，孔子听到这件事时说：“祁黄羊讲得太好了！外举不避仇，内举不避子，祁黄羊可以说是个公正无私的人啊！”

在工作中，我们如何才能尽可能地做到客观公正地反映问题呢？下文给出了两点建议。

◆基于客观事实进行描述

在向领导汇报工作时，我们要基于事实进行汇报，就事论事，不带感情色彩地就工作上的问题向领导征询意见。

具体来说，我们在汇报或总结工作时要务实，要持“一分为二”的观点，对成绩不夸大，尤其是对存在的问题要正确对待，既不忽视问题，又不夸大问题，找出主客观原因，制定具体有效措施，力求把问题解决好，达到促进工作、改善管理的目的。

◆与员工保持适度的距离

所谓“等距外交”，也就是上面提到的几点，要求你不能与一部分人或个别人过分亲密，而同时过分疏远另一方。在工作问题上，应该是一律公平，工作上一样支持，一样看待。不要戴着“有色眼镜”看人，不能因人而异。如果你的行为带有明显的主观色彩，很容易失去公平，进而会影响团队的凝聚力。

通用电气公司的前总裁斯通认为，老总应该与下属保持“适度距离”。在工作中，斯通很注重实践刺猬理论，尤其在对待中高层管理者的时候更是如此。

斯通自知与公司高层管理人员在工作上已经有了很多接触。因此在工余时间就有意与他们拉大距离，在工作场合和待遇问题上，斯通从不吝啬对管理者们的关爱，但在工余时间，他从不要求管理人员到家做客，也从不接受他们的邀请。

相反，对一般下属和普通员工，他有意亲近，微笑问候，甚至还会“家访”。如斯通曾到旧金山的一家医院去探望一名因患痢疾而住院治疗的女士，她的丈夫哈桑是通用电气公司在加州的一名普通销售员。哈桑闻悉此事后感激不尽，加倍努力地工作，以回报斯通先生的关怀。

永远让领导做选择题，而不是问答题

工作中，很多人遇到问题、接到任务时，不是首先问自己如何解决，而是先向上级汇报，请示解决办法，带着耳朵听领导告知具体操作步骤，而不是向上司汇报工作，一旦遇到什么样的问题和困难，说的最多的一句话便是“您认为这个问题应该怎么办？”有一个关于凯玛特的故事在社会上广泛流传。

在1990年的凯玛特总结会上，一位高级经理认为自己犯了一个错误，他向坐在他身边的上司请示如何更正。这位上司不知道如何回答，便向上级请示：“我不知道，您看怎么办？”而上司的上司又转过身来，向他的上司请示。这样一个小小的问题，一直推到总经理帕金那里。帕金后来回忆说：“真是可笑，没有人积极思考解决问题的办法，而宁愿将问题一直推到最高领导那里。”

2002年1月22日，曾是美国第一零售商的凯玛特公司不得不申请破产保护。

当问题出现时，有的员工会说：“领导，该怎么办？”而有的员工则会说：“领导，针对这个问题，我有三个解决方案，你看哪个更好一些？”如果你是领导的话，你会欣赏哪一类员工呢？对此，李嘉诚曾说过：“当你提出困难时，请你提出解决方法，然后告诉我哪个解决方法最好。”

如果你是第一类员工，那么你现在就必须要调整思维方式，转变工作方式，彻底解除那些遇到问题先往领导身上推，遇到问题自己不研究，不商量，不拿计划和方案，就直接报给领导，给领导出“问答题”的现象。这是一种得过且过的工作态度，对自己的成长并无好处，最好的处理办法应该是事先想出多种解决问题的答案，在汇报问题时一并提出，让领导进行选择。

小罗是设备部的一名员工，一次，公司的一台生产设备坏了，他是这样向领导汇报的：“这个设备有点儿问题，我们集体研究发现是接口部位的一个进口零件坏了。同时经过考察，从国外买来要100多美元，国内也有同类的产品，价格并不是很贵，一般在600元左右，经了解完全可以替代。我建议通知招标采购部门买国内的零件替代进口的。您看可以吗？”

要避免给领导出问答题和没有参考价值的选择题，一方面要有敬业、忠诚、高效的职业精神，另一方面还要提高自己各方面的能力。这样才能将问题留给自己，将结果带给老板。

一个善于思考、做事负责的下属，应该是带着答案、准备好对策，去请求领导的。因而，在我们与领导进行沟通时，应当尽量不要提“问答题”，而要多出“选择题”。换位思考一下，如果你是领导，下属常常给你出“问答题”，你会怎么想？学会让领导只做选择题，既能锻炼自己的能力，还让他看到了你的才能，两全其美，何乐而不为？

汇报不要越级，操作不当会绊倒自己

职场小说《杜拉拉升职记》中有这样一个情节：一次，行政主管王蔷对自己的上司玫瑰不服，她曾经把和玫瑰的不同意见写成e-mail，汇报给玫瑰的上司、主管人力资源和行政的总监李斯特，但是李斯特又把王蔷的e-mail转发给了玫瑰处理。王蔷最后落得了个被辞退的结局。

王蔷的行为属于越级汇报，在我们周围，也不乏有类似王蔷这样的员工。殊不知，越级汇报一直被职场人视为不可踩踏的雷区。

实践证明，越级汇报害处很多。比如：造成领导偏听偏信，制造上下级之间的矛盾，形成多头领导等等。因此，在企业管理中一般是不允许越级汇报的。如果没有特殊情况而越级汇报，是职场上的大忌。

世上没有什么绝对的事情，例如越级汇报这种事，操作得当，照样可以从而获得机会。如果下属在特定情况下出于公司、团队的利益考虑而越级汇报，也不无不可。

索尼公司内部招聘的实施，对提升企业人事管理的效益起到了重要的作用。而这一制度的实施，却起源于这样一件事情。

话说某天晚上，董事长盛田昭夫按惯例走进员工餐厅和大家一起吃饭、聊天。这天，盛田昭夫忽然发现一位年轻职工郁郁寡欢，满腹心事，闷头吃饭，谁也不理。于是，盛田昭夫就主动坐在这名员工对面，与他攀谈。

几杯酒下肚之后，这个员工终于开口了。该员工表示，他进入索尼前，对其崇拜得发狂，认为这是自己的最佳选择。但是进入索尼后才发现，自己并不是为了索尼而工作，而是为他的科长干活。更可气的是，他所有的行动与建议都得科长批准。并且，这位科长还是个无能之辈。对此，他感到非常的失望和泄气。

这番话令盛田昭夫十分震惊。他想，类似的问题在公司内部中恐怕不少。为了避免这些员工的上进之路被堵塞，盛田昭夫便决定设置内部招聘制度。

那么，在哪些时候，可以考虑使用越级汇报呢？

中层领导明显曲解了高层领导的战略意图和战术方案；中层领导对下级员工存在着明显的打压行为；中层领导的主观意识过于强烈，拒不接受一些真实现状。

在遇到这几类情况时，为了避免企业及个人受到损失，可以考虑采取越级汇报的方式来反映问题，但是，在提交给间接上级的报告中，一定要注意以下四点：

◆阅读要轻松

关于工作报告的撰写技巧方面，有这样一种说法：文不如列、列不如表、表不如图。因而，我们在向上级领导反映问题时，需尽可能地使用图形化的表述方式来说明问题，直观扼要地说明问题或是你的想法，这样能提高了你的报告被领导接受的程度。

◆提出问题的解决方案

许多员工的越级报告中，过多地提出问题，但并没有提出相应的解决方案，这在上级领导看来，就与发牢骚并无二至，也就很容易联系到逃避责任的范畴里去，所以，在报告中，不但要提出问题，更要提出问题的解决方案，这才是一份完整的有意义的报告。

◆尽量减少主观色彩

在报告中，建议少用“以我之见，我认为”等主观色彩强烈的词语，消除个人主观色彩强烈的痕迹。可多采用一些“综合多方面因素来看”或“从实际运行的效果来分析”等较为中肯、理性的词句，以增强内容的客观性。

◆同步抄送

越级汇报不代表着一定要绕过你的上级，可同时将报告抄送给你的直属上级和间接上级，将问题公开化，达到消除对方心理芥蒂，从而共同寻求解决之策的目的。

职场中有相应的游戏规则，公司也有属于自己的制度流程，不管怎么说，越级汇报都属于脱离轨道之外的非常规行为。我们不否认越级汇报中存在机会，但是其中的风险不可小觑，所以，职场人如果要越级汇报，还需慎思慎行。

APPENDIX

附录

提升自己，赢得信任的秘密
——跟成功人士学工作汇报技巧

慎重汇报领导最关心的事情

作为谷歌“中国”的创始人，李开复在给自己“谷歌”（Google）这4年的工作总结中说：“‘谷歌’在中国的4年做了三件基础性的工作：第一件是组建了一支符合公司价值观的工程师队伍；第二件是坚决把中文搜索做好，获得更多的中国用户；第三件是做一些独特的、只有中国能做的技术。”

同时，“谷歌”对李开复也给予了相当高的“工作成绩鉴定”。谷歌“中国”表示，在李开复的领导下，谷歌“中国”在提高搜索质量、产品开发和合作伙伴关系等方面取得了巨大进展。李开复推动了谷歌“中国”域名“google.cn”的推出，该域名的用户数在过去两年中增长显著。

关于写工作总结，中国最知名的领导力咨询顾问和领导力教练之一、翰威特大中华区首席领导力顾问法兰克Frank Gallo在接受采访时曾这样说道：“在西方，当你做工作报告的时候，会希望你能够诚实严谨，而且只会报与工作相关的事宜。当然，提到上级及其他团队的协助与支持也是会被赞赏的一种做法。但是这些一般是在报告的结尾处，而非一开始。”

无论是工作总结还是工作汇报，我们都应该就领导所关心的问题进行说明，换言之，即向领导提供有价值的信息。让我们再来看看微软的做法。

微软公司一年两度的业务汇报是市场营销最集中的管理手段，因其严厉而得

名“铁篦”（微软专用词scrub，后来被通用于所有的计划审批了），顾名思义，以铁篦梳理，刮掉所有虚浮谬误。而工作汇报的好坏的确攸关经理们在微软的发展前景。

公司的年中检查要比年度计划还要复杂得多。除去封面，其余页张全部是由最小号字码的数字组成的Excel电子表格，需要填入大量的、新的原始数据，系统会根据新的数据和历史数据再生成上千种分析结果，把市场和业务的所有角度、层次完全以数字显示，所有关键数字彼此呼应关联。

鲍尔默对不断改进他的工具有偏执的激情。表格年年都可能有变化，通常是有增无减。他对于数字的敏锐和记忆令人生畏，无人敢心存侥幸。他每年会亲自到十几个分公司听现场汇报，其余分公司则由负责各洲际市场的副总裁集中向他和盖茨的最高管理委员会汇报，微软的全球战略由此形成。

把问题简化到最理想的状态

宝洁公司提出“一张纸工作法”，就是送到各个部门以及总经理那儿的报告不准超过一张纸。

一次，宝洁公司的一位经理向总经理理查德·德普雷递交了一本厚厚的备忘录。在这份备忘录上，他详细地介绍了他对公司问题的处理意见。没想到，理查德·德普雷连看都没看，就在上面加了一条批语：“把它简化成一页纸！”

一张纸以上的报告，退回。这样做的结果是提高了工作效率。这样长期坚持下去，还可以提高各级管理人员的抓住问题要害、抓住关键问题、实质性问题的能力。让领导有更多的精力去思考更重要的问题。

宝洁公司的“一页备忘录”的结构	
1. 相关信息（发自谁From、发给谁To、转交给谁Cc、日期Date） 2. 标题 3. 一句话总结该备忘录的主要内容 4. 3～4行总结本备忘录的主要内容 5. 相关背景介绍（2～3行） 6. 备忘录内容（建议、意见、工作总结、信息共享等） 7. 主要理由、工作计划等 8. 下一步的任务 9. 签名 所有内容必须在一页纸内完成（A4），字号为小四	To: From: Cc: Date: 总结： 背景 主要内容 理由 1. 2. 3. 下一步工作任务安排 1. 2. 3.

通用电气的前总裁杰克·韦尔奇有一句名言："管理效率出自于简单。"宝洁公司A4纸工作法无疑是一个很好的证明。具体而言，宝洁公司这一张纸的效力包括但不限于如下三个方面。

首先，就是它的要点鲜明集中，比内容散布在十多页的分散式、复杂式的报告要简洁清楚。它能最有效地使我们的头脑明朗化，做什么、怎么做、谁来做、做到什么程度，简单易懂，便于执行。

其次，一页报告就能解决很多问题，节省了大量的时间。一份精简的报告不仅是在节约阅读者与执行者的宝贵时间，而且是在无形中提高了工作效率和办事效率。宝洁公司的总裁经常鼓励对他提交报告的员工说："公司的大部分效益建立在这一页报告上。"

再次，一张纸使问题压缩到了只有少量需要讨论的程度，这有利于我们将复杂的问题简单化。宝洁公司总裁认为，从众多的意见中选取出事实，不遗余力地将其浓缩在一页纸上，才能把复杂的问题简化成简单的问题。他说："从意见中择出事实的一页报告，正是宝洁公司做出决策的基础。"

做好领导最挠头的难事

任何企业的发展都不可能是一帆风顺的。所以，当领导被公司事务缠得焦头烂额的时候，作为他的下属，应该想想“我能为老板做些什么”，为其分忧解难。特别是在老板遇到难题、迫切需要帮助的时候，优秀的员工应该主动站出来，施以援手，而不能像平庸者那样袖手旁观。

萨克斯顿在著名的传播机构贝尔·霍韦公司任职时，主要负责对公司众多分支机构进行分析，拟定计划以协调它们的工作。萨克斯顿在工作期间，除了做好本职工作外，他还注意到公司旗下的维尔丁电影制作公司是处于亏损状态的，但是萨克斯顿认为自己可以使维尔丁电影制作公司扭亏为盈。

为此，他提出了一个具体的市场开拓计划，建议维尔丁公司卖掉电影制片厂，将业务集中在咨询顾问及推销新产品上，老总对此大为赞赏，当即把萨克斯顿提拔为维尔丁公司副总裁，主管市场开拓。可喜的是，不到一年工夫，他就使维尔丁公司开始盈利。萨克斯顿用业绩向公司管理层证明了他的能力，从而为自己争取了一个更高的职位。

无论你在哪里工作，无论你的领导是谁，管理层都期望你不要坐等指令，而希望你积极主动，站在公司的角度考虑问题，并积极主动地帮领导想好答案或解决方案，这样你便能拥有好的职业前景！

用事实和数据来说话

卡耐基有一次租用一家饭店的大礼堂来讲课。有一天，他突然接到通知，说他必须付出几乎比以前高出三倍的租金。因为开课在即，学员的入场券都已经发出去了，所以，要更改讲课日期和地点似乎是不太可能。因此，卡耐基决定亲自出面与这家饭店的经理交涉。

卡耐基说："我接到通知，有点儿震惊，不过这不怪你。如果我是你，我也会那样做。因为你是饭店的经理，你的职责是尽可能使饭店获利。"

然后，卡耐基取出一张信纸，对饭店的经理说道："现在，我们拿出一张纸来，把你可能得到的利弊列出来。"然后，他在中间划一条线，一边写着"利"，另一边写着"弊"。

他在"利"这边的下面写下这些字："大礼堂空下来"。接着说："你有把礼堂租给别人开舞会，这是一个很大的好处，因为像这类的活动，比租给人家当讲课场能增加不少收入。如果我把你的舞厅占用二十个晚上来讲课，对你当然是一笔不小的损失。

"现在，我们来考虑坏处方面。你不但不能从我这儿增加收入，反而会减少你的收入，事实上，你将一点儿收入也没有，因为我无法支付你所要求的租金，我只好被逼到别的地方去开这些课。你还有一个坏处，你撵走了我，也等于撵走了众多有文化的中层管理人员，而他们光顾贵饭店，这对你是一个很好的宣传，不是吗？"说完后他把纸递给饭店的经理，说："我希望你好好考虑你可能得到的利弊，然后告诉我你的最后决定。”

第二天卡耐基收到一封信，通知他租金只涨百分之五十，而不是百分之三百。

卡耐基基于对实际情况的分析，分别分析增加租金对饭店有利的一面与不利的一面，两相比较，如果给卡耐基加租金，对旅馆来说实际上是弊大于利。最后经理终于同意少涨租金，卡耐基的目的也就达到了。

委婉地说出自己的意见

俗话说：“直道跑好马，曲径可通幽。”很多人都推崇说话应当直言不讳、开门见山，然而，这种说话方式虽然简单明了，可是刺激性大，容易伤害到别人的自尊心，如果什么事都是有话直说，那样反倒不会收到很好的成效。

在向领导汇报工作的时候，如果能委婉地表达，看似轻描淡写，却能道出问题的实质，如此则可使我们的工作效果更佳。

德皇威廉二世派人将一艘军舰的设计图交给一个造船界的权威，请他评估一下。他在所附的信件上告诉对方，这是他花了许多年，耗费了许多精力才研究出来的成果，希望他能仔细鉴定一下。

几个星期之后，威廉二世接到了这位权威人士所作的报告。这份报告附有一叠以数字推论出来的详细分析，报告的文字部分是这么写的：

“陛下，非常高兴能见到一幅美仑美奂的军舰设计图，能为它作评估是在下莫大的荣幸。可以看得出来这艘军舰威武壮观、性能超强，可说是全世界绝无仅有的海上雄狮。

“它的超高速度前所未有；武器配备可说是举世无敌，配有世上射程最远的大炮，最高的桅杆；至于舰内的各种设施，将使全舰的官兵如同住进豪华旅馆。这艘举世无双的超级军舰只有一个缺点，那就是如果一下水，马上就会像只铅铸的鸭子般沉入水底。”

德皇威廉二世看到了这个报告不禁笑了，积极采用了专业人士的意见去完善这张设计图。

向领导表达不同的意见，没有一个固定的处理模式。总体来说，你需要尽量说一些对方内心想听的话，减少上司对你的排斥感，从而易于接受你的建议。

巧妙应对最难缠的问题

面对来自上司的压力，说话时也不可无所顾忌，尤其是当他给你提出一些尖锐的问题的时候，我们就要掌握一定的说话技巧，这样才不至于破坏双方的关系。

南朝齐代有个著名的书画家叫王僧虔，是王羲之的四世族孙，他的行书、楷书造诣很深，一手隶书也写得行云流水一般。当朝皇上齐高帝萧道成也是一个翰墨高手，而且自命不凡，不乐意听别人说自己的书法低于臣子，王憎虔因此很受拘束，不敢显露才能。

一天，齐高帝萧道成提出要和王僧虔比试书法高低。于是君臣二人都认真写完了一幅字。写毕，齐高帝问王僧虔："你说，谁为第一，谁为第二？"

此时，如果王僧虔据实回答："臣第一，陛下第二。"就要得罪皇帝；而假意吹捧："陛下第一，臣第二。"明显是违心拍马，有失书法家尊严。既要让听者听了高兴，又要让对方一听便知是假话，怎么办呢？王僧虔眼珠子一转，竟说出一句流传千古的绝妙答词："臣书，臣中第一；陛下书，帝中第一。"

他巧妙地把臣子与帝的书法比赛分为两组，即"臣组"和"帝组"，并对之加以评比，既给皇帝戴了一顶高帽子，又维护了自己的荣誉和品格。果真，齐高帝萧道成听了，哈哈大笑，也不再追问两人到底谁为第一了。而王僧虔巧妙地回答，由此也增进了君臣之间的融洽。

回答对方的提问需要头脑冷静，不能被提问者牵着鼻子走。一个擅长应变的人总能在接到对方的提问后，迅速思考并选择一种最佳的回答方法。

在与领导打交道的过程中，面对领导提出的刁钻问题，如果无法直接作答，你可以巧妙运用比喻的论辩方法。这种方法不但能使抽象的事物具体化，使深奥的道理浅显化，而且能增强说理论辩的形象性、逻辑性和说服力，同时启发人们丰富的联想。

另外，你也可以通过转移话题来避免出现尴尬的场面。不过，转移话题有两点事项需要注意：第一，要自然，就是指转换的话题要与原来的话题能连得上，说得通。第二，要及时，就是在对方话题尚未充分展开之前，就以新的话题取而代之，使对方在不知不觉中离开原来的话题，将注意中心转移到新话题上面去。

掌握好职场沟通的技巧

在等待机会的时候，年轻的朋友都听过一句话，就是“机会属于有准备的人”。可这个准备是什么呢？大部分职场人选择了打败对手。殊不知，这样的选择让自己变得急功近利，甚至做出伤害同事的举动。

销售部副理离职了，大家都不意外，而且还人人精神抖擞。倒不是同事走了大家开心，而是岗位空缺，但凡有点实力的人都想搏上一把。公司很快出了政策，这次的空缺岗位，公司在现有的正式员工中选拔，先进行专业笔试，然后对通过者进行一个月的日常考察，最终确定人选。

由于竞聘标准门槛不高，许多人都符合参与要求。经过笔试，有五个人入围了。要说这五个人，个个都是部门里的精英，论业务能力始终排名在前，论专业知识都可以调教新人，论表现欲哪个都不在人后。就在同事们热议谁会胜出时，公司人力资源总监王扬宣布，刘轩胜出。

这个结果大大出乎同事们的预料，因为观察期里他最低调，别人拉关系、请客、托领导，他则一直没什么动静。怎么会是他战胜了积极准备、努力表现的对手呢？

竞争对手甲和乙明显不服，丙和丁虽然表示祝贺，心里实在纳闷儿。心直口快的丙小姐，没憋住这份诧异，找刘轩探底去了。看着主动要求一起吃午饭的漂亮女生，刘轩笑笑：“美女，有啥话说吧，不用请客我也会有什么讲什么的。”

丙小姐一看人家点破了话题，也就不再绕弯，嘿嘿笑着说：“我就想知道，你是怎么战胜我们的。”

“谈不上战胜，竞聘不是打仗，竞聘人之间也不是敌我关系，如果我把大家当敌人，估计也不会竞聘成功。”刘轩笑着回答，“我只是没有和你们拼，而是和自己拼，把部门计划定得更严格一些，把工作目标定得更高一些，把自己的工作思路和上级沟通得更勤一些。”

丙小姐半信半疑，哪里会这么简单，他肯定还跟领导有什么接触。看对方疑惑的样子，刘轩继续道：“没错，我还要做其他的功课。首先就是找出自身的不足，之后与相关领导沟通，请求他们帮助突破。主动沟通自己的缺陷，这不是暴露不足，是主动寻求援助。你看，我在人员管理方面，对年轻女性的管理不到位，方法上欠缺，我就找王总帮忙，向他请教如何管理年轻女员工；在管理思路方面，我了解得不足，我就找咱们销售的张总，对他说我对企业的发展思路还是了解不透彻，尤其是自己的工作，跟公司发展远景有什么关系结合不起来，请他给一些建议；在技术方面我还是外行，就找工程部孟总请教。所有这些沟通，都是我在竞聘考核期做的，我觉得不仅要工作好，还要懂沟通，这才是获得机会把握机会的根源。”

丙小姐恍然大悟：原来人家把工夫下在了这些地方，而自己和其他人，都用在了如何干掉对手上了。能力不分伯仲的时候，竞技方法的巨大不同，直接影响到了领导的选择，这就是她跟另外三个人失去了机会的原因。

拼搏在职场中，每个人都在等待着那个属于自己的机会。只是，当机会出现时，我们往往会将竞争作为手段，忽视了能力的表现及沟通的重要性。如果想升职成功，我们不仅要敢于沟通，更要善于沟通，简单的“我想”“我行”并不能叫沟通，只能算无效的呐喊。

职场话语王发现，要想正确地把握升职机会，必须要知道如何跟领导沟通。

◆要，就主动说出来

对于机会，很多人都拭目以待，当机会来临的时候，只要你准备好了，你

就有必要说出自己的欲望。此时，最重要的就是跟直接上级的沟通，得不到他的鼎力支持，你要获得机会就比较难。所以，升职沟通的第一步就是主动跟直接上级沟通。

当然，这个沟通不是你找到他，对他说我想要这次的机会，你务必要支持我，而是通过与上级沟通自己跟机会的差距，表明自己有信心克服自身的不足，争取这次的机会。你可以这样说："这次竞聘我决定参加，但我觉得自己跟竞聘岗位之间还是有点差距，希望您能以您的管理经验，给我一些建议。"如此的沟通，不仅能让上级了解你参与竞争的明确态度，而且还表达了你期望获得支持的心情。

◆说，就要说得清楚明白

在你具备竞聘或升职资格的情况下，上级有时也会主动找你沟通。这个时候，你不要担心主动暴露自己对升职的渴望，对方会不会对你产生不好的想法，也不要顾虑自己的主动会招致反感。在沟通中表达想要的欲望，并不是一件坏事，更不是对上级的不尊敬。对任何一个领导来说，自己培养的人才被公司任用了，这是值得骄傲的。

只是，沟通时不宜太过急切，要保持一颗淡定的心，明明白白地把你的想法说清楚，千万不要依赖对方的领悟能力。上级都是很忙的，他们不可能坐在那儿猜你想什么。

◆不要怕回绝

沟通并不等于你说了别人一定要接受。许多时候，所处的位置不同，面对的状况不同，都可能有不一样的考虑。遇到上级回绝，你完全没必要垂头丧气，应该更加积极地表明自己的态度："您说得有一定道理，我也感觉自己还有一些需要提升的地方。这次机会我还会参与，希望通过考核更明确自己的问题所在，就算不能成功，也是一次对自己的考核。"这样说话，既不会因回绝而跟上级对立，也不会影响上级对你的看法。

假如回绝得没有道理，让你感到不舒服，也不要急于反击，或是表现出强烈的抵触。最好的应对方法是："感谢您对我的分析，这对我很有帮助。我觉得自己还是很有自信的，也特别期望能够获得机会，如果机会真的不属于我，我会安心做好本职工作。但是，放弃参与不是职业人应有的态度，我希望能借这个机会向您请教请教。"

会工作，也要会“领赏”

据调查表明，很多上司在交代重要任务时都习惯许下承诺，并将承诺作为一种激励手段。对员工而言，这既是压力又是动力；对老板来说，心理上也会感到踏实、稳定，因为他坚信“重赏之下，必有勇夫”。任务完成后，就该“领赏”了。然而，无数事实告诉我们，老板会兑现承诺的可能性很低，因为他最想要的已经有了，员工最想要的他觉得可以没有。

在职场上，很多员工为了老板的一句话不眠不休地工作，以期获得更多的报酬，谁知“领赏”时却发现“酬劳”远不如“付出”。结果，由于碍于颜面和爱心理因素的影响，大多数人都不敢向上司邀功请赏，甚至会担心因此而饭碗不保。职场话语王觉得，身在职场不能只知道埋头苦干，完成了工作理应去领赏，这样领导才能看到你的成绩。

对员工来说，能力仅仅是一方面，能不能让领导兑现承诺还要看“领赏”技巧如何。如果员工是一位话语高手，他就可以顺利的向上司邀功请赏，并且还能让上司对自己放心。

王翦是秦始皇手下战功卓著的大将，在他的协助下，秦始皇消灭赵王，赶走燕王，并击破楚军。但是，秦始皇对他仍疑心很大，唯恐他功高震主，所以，在攻打楚军时刻意重用李信将军。见此情形，王翦称病告老还乡。

后来，李信在跟楚军交战时受挫，秦始皇只好主动放下架子到王翦面前谢罪，并请他再次出山。

王翦心里很清楚秦始皇肯定对自己放心不下，于是在出发前，向秦始皇请求大量田宅园池。秦始皇问：“将军就要离开了，为什么忧虑贫穷呢？”王翦说：“作为君王的将军，就算有功也不能封侯，因此趁君王信任、重用和偏向我时，我要及时请求一些好处来为子孙造福。”

听完王翦的话后，秦始皇开怀大笑，也放下心来。此后，王翦又五次派人向秦始皇请求良田，时人都以为王翦的请求太过分了。

部下也以为如此，谁知王翦却深谋远虑地说：“不然，秦王粗鄙而不信人，现在倾全秦国的士兵而委任于我一人，我不多请田宅为子孙谋基业，难道让秦王因此而怀疑我巩固自己吗？”

在职场拼搏的人，也应该学会这招，在适当的时机向自己的老板“邀功请赏”。当然，绝不能因此让老板认为你有篡位的野心，最好让老板觉得你是很低调的。如果老板在交代任务时忘记了承诺，或不方便做出承诺，为了维护自己的利益，你也应该提前申请自己应该得到的。这绝不是什么趁火打劫，而是对个人权益的正当维护。只要你说得合情合理，老板肯定会认真考虑的。

在“领赏”时，说话必须要把握好分寸，既不能让自己“太吃亏了”，又不能要求太过，引起上司的反感。领赏专家为大家总结出以下三个技巧：

◆不争小利

不为蝇头小利而斤斤计较，要具有宽广胸怀、大将风度，在老板心目中留下“甘于吃亏”，“不在意吃亏”的好印象。在小利的事情上，坚持以忍让为先。

◆夸大难度，给老板打折扣的空间

很多时候，你将任务的困难淡化了，老板便会给你记小功，给你的好处也少。因此，要学会充分“发掘”困难，善于向老板客观的表露困难。要求利益时，也可以适当放得大些，比你实际想得到的多一些，这样就能给老板留一些讨价还价的“余地”。

◆**按值论价，讲究原则**

在请赏过程中，一定要坚持按“值”论价、等价交换。如果你拉到10万元赞助费或为单位创利100万元，你要严格按照事先谈好的“提成”比例索取报酬，不能随意扩大要求，也不能允许老板削减对你的奖励。